游艇操作技术

（修订版）

主　　　　编	刘　航
副　主　编	李良修　　高瑞杰　　肖安金
其余参编人员	朱瑞景　　解　元　　杨森荣　　曲光涛　　王达伟
	徐立山　　王可安　　崔严文　　苟美汉
主　　　　审	代志强　　黄　尧

中国海洋大学出版社

·青岛·

图书在版编目（CIP）数据

游艇操作技术 / 刘航主编 . —修订本 . —青岛：中国海洋大学出版社，2021.4（2024.8重印）
ISBN 978-7-5670-2815-9

Ⅰ.①游… Ⅱ.①刘… Ⅲ.①游艇—驾驶术—技术培训—教材 Ⅳ.①U674.91

中国版本图书馆CIP数据核字（2021）第077585号

游艇操作技术

出版发行	中国海洋大学出版社
社　　址	青岛市香港东路23号　　邮政编码　266071
网　　址	http://pub.ouc.edu.cn
出 版 人	杨立敏
责任编辑	邹伟真
电　　话	0532-85902533
电子信箱	zwz-qingdao@sina.com
印　　制	青岛中苑金融安全印刷有限公司
版　　次	2021年5月第2版
印　　次	2024年8月第4次印刷
成品尺寸	185 mm × 260 mm
印　　张	11
字　　数	223千
印　　数	3001—4000
定　　价	75.00元
订购电话	0532-82032573（传真）

发现印装质量问题，请致电0532-85662208，由印刷厂负责调换。

前　言

　　游艇是一种水上娱乐用的高级耐用消费品，它集航海、休闲、旅游、运动、娱乐健身、商务活动等功能于一体，满足个人及家庭享受生活的需要。在我国，随着经济的发展和人民生活水平的不断提高，水上旅游休闲活动受到许多人的青睐。

　　为了规范游艇操作人员的管理，提高游艇操作人员的技术水平，保障水上人身安全和财产安全，提高培训质量，教材编写组依据中华人民共和国交通运输部海事局颁布的《中华人民共和国游艇操作人员培训、考试和发证办法》，参考近年来游艇操作人员培训的实际情况，经过深入调研，收集相关资料并进行筛选、提炼，完成了本教材的编写工作。

　　本教材注重理论与实践相结合，紧紧围绕《游艇操作人员理论培训与考试大纲》及《游艇操作人员实际操作培训与评估大纲》的要求进行编写，并在完成应知应会的知识及技能的前提下，力求简要、易懂、可读、实用。

　　本教材主要面向海上各等级、各类型推进动力装置的游艇操作人员。培训机构在使用时，可根据大纲要求，针对具体学员选取相应的内容开展培训教学。

　　本教材主要编写人员均持有游艇驾驶证，教学及实践经验丰富。另外又聘请了部分航海院校、培训单位、海事主管部门等具有较高理论水平和实际操作能力的专家参与。其中刘航任主编并负责全书的统稿，李良修、高瑞杰、肖安金任副主编，代志强、黄尧为主审，朱瑞景、解元、杨森荣、曲光涛等为主要参编人员。

　　本教材在编写过程中得到了山东海事局、青岛海事局及游艇培训机构的大力支持，在此表示衷心感谢！

　　由于编者水平有限，书中难免存在疏漏与不妥之处，恳请各位读者批评指正。

编者

2021年2月

目录

情境一　航行规则及相关安全管理法规

任务一　我国沿海水域航行规则概述

一、航行规则的概念

航行规则是指所有涉及船舶常规运动的交通规则，是为了使船舶、船队或艇筏在水面上安全航行而制定的法规。一切船舶都应严格遵守和执行航行规则。

二、航行规则的分类

航行规则一般分为海上安全航行的避碰规则和在地方航行的避碰规则两类。前者属于国际性的章程，系有关各国的船舶在海上航行所共同遵守的法规；后者属于我国相关主管机关所制定的航行规则，是船舶在中国水域内航行必须遵守的规章。

三、相关水域航行规则的获取途径

我国沿海和内河通航条件和水文等方面的差异极大。为规范船舶航行行为，创造安全、畅通的通航环境，相关主管机关结合各地实际情况，出台了一系列航行规则，按区域可分为区域性通航环境条件类文件（航道、航路的航行规则文件）、港口类航行安全管理规定、通航保障类文件规定等等。

航行于沿海的船舶应配齐并及时查阅相关海区（河道）的航路资料和港口资料，同时也可以通过中华人民共和国海事局2007年出版的《中国沿海内河水域航行规则》获取相关水域的有关航行规定。该书收集了国内当下生效的沿海、内河航行规则，详细介绍了我国沿海内河水域通航环境现状，并提供了现行有效的各种航行安全指导资料，是航行于中国沿海、内河船舶查阅相关海区、河道通航法规较理想的参考资料。与其他的航海资料一样，在使用这类参考资料时，应注意根据主管机关对相关航行法规的修订情况及时更新相关文件，确保航行的安全。

任务二　船舶交通管理系统有关规定

一、船舶交通管理系统含义及简单介绍

船舶交通管理系统（Vessel Traffic Services，以下简称VTS），是指为保障船舶交通安全、提高交通效率、保护水域环境，由主管机关设置的对船舶实施交通管理并提

供咨询服务的系统。它是海事机构实施水上交通秩序管理的重要手段。随着水运事业的发展，船舶交通量不断增加，为使船舶能顺畅通航于有限水域或拥挤水域，首先是港口，还有江河、海峡，各海运国家逐渐建立起岸船之间合作的船舶交通管理系统。

由于各国VTS的建设主体和发展程度不一，VTS的管理体制也不尽相同，VTS大体可以分两种类型：一是以北美和日本为代表的政府管理型，VTS主管机关大都是政府交通部门所属的准军事机关即海岸警卫队，其中心任务是保障海上人命财产的安全及保护环境；二是以欧洲为代表的企业（民间）管理型，VTS主管机关大都是港务局或引航组织，其目的不仅是保障海上人命财产的安全，还着意协调港口作业，强调对船舶的引领。

我国《海上交通安全法》明确规定，海事机构是对沿海水域交通安全实施统一监督管理的主管机关。《中华人民共和国船舶交通管理系统安全监督管理规则》也明确海事机构是全国船舶交通管理系统安全监督管理的主管机关。主管机关设置的船舶交通管理中心是具体实施船舶交通管理的运行中心。因此，我国VTS管理是由政府交通部门统一实施管理的管理模式。

二、船舶交通管理系统相关法规认知

为加强船舶交通管理、保障船舶交通安全、提高船舶交通效率、保护水域环境，交通部制定了一系列法规及规则，如《中华人民共和国船舶交通管理系统运行管理规定》《中华人民共和国船舶交通管理系统安全监督管理规则》等，对保证海上交通的科学管理，促进文明生产和维护良好秩序，保障交通安全，促进经济建设和维护国家权益等产生了巨大的作用和深远影响。

三、《中华人民共和国船舶交通管理系统安全监督管理规则》

第一章　总　则

第一条　为加强船舶交通管理，保障船舶交通安全，提高船舶交通效率，保护水域环境，根据《中华人民共和国海上交通安全法》《中华人民共和国内河交通安全管理条例》等有关法律、法规，制定本规则。

第二条　本规则适用于在中华人民共和国沿海及内河设有船舶交通管理系统（以下称VTS系统）的区域内航行、停泊和作业的船舶、设施（以下简称船舶）及其所有人、经营人和代理人。

第三条　中华人民共和国港务监督机构是全国船舶交通管理系统安全监督管理的主管机关（以下简称主管机关）。

主管机关设置的船舶交通管理中心（以下称VTS中心）是依据本规则负责具体实施船舶交通管理的运行中心。

第二章　船舶报告

第四条　船舶在VTS区域内航行、停泊和作业时，必须按主管机关颁发的《VTS用户指南》所明确的报告程序和内容，通过甚高频无线电话或其他有效手段向VTS中心进行船舶动态报告。

第五条　船舶在VTS区域内发生交通事故、污染事故或其他紧急情况时，应通过甚高频无线电话或其他一切有效手段立即向VTS中心报告。

第六条　船舶发现助航标志异常、有碍航行安全的障碍物、漂流物或其他妨碍航行安全的异常情况时，应迅速向VTS中心报告。

第七条　船舶与VTS中心在甚高频无线电话中所使用的语言应为汉语普通话或英语。

第三章　船舶交通管理

第八条　在VTS区域内航行的船舶除应遵守《1972年国际海上避碰规则》和《中华人民共和国内河避碰规则》外，还应遵守交通部和主管机关颁布的有关航行、避让的特别规定。

第九条　船舶在VTS区域内航行时，应用安全航速行驶，并应遵守交通部和主管机关的限速规定。

第十条　船舶在VTS区域内应按规定锚泊，并应遵守锚泊秩序。

第十一条　任何船舶不得在航道、港池和其他禁锚区锚泊，紧急情况下锚泊必须立即报告VTS中心。

第十二条　船舶在锚地并靠或过驳必须符合交通部和主管机关的有关规定，并应及时通报VTS中心。

第十三条　VTS中心根据交通流量和通航环境情况及港口船舶动态计划实施交通组织。VTS中心有权根据交通组织的实际情况对航行计划予以调整、变更。

第十四条　船舶在VTS区域内航行、停泊和作业时，应在规定的甚高频通讯频道上正常守听，并应接受VTS中心的询问。

第十五条　在VTS区域内航行的船舶和船队的队形及尺度等技术参数均应符合交通部和主管机关的有关规定。

第四章　船舶交通服务

第十六条　各VTS中心根据其现有功能应为船舶提供相应服务。

第十七条　应船舶请求，VTS中心可向其提供他船动态、助航标志、水文气象、航行警（通）告和其他有关信息服务。VTS中心可在固定的时间或其他时间播发上款规定的信息。

第十八条　应船舶请求，VTS中心可为船舶在航行困难或气象恶劣环境下或船舶一旦出现了故障或损坏时，提供助航服务。船舶不再需要助航时，应及时报告VTS中心。

第十九条　为避免紧迫局面的发生，VTS中心可向船舶提出建议、劝告或发出警告。

第二十条　VTS中心认为必要的时候以及应船舶或其所有人、经营人、代理人的请求，可为其传递打捞或清除污染等信息和协调救助行动。

第二十一条　应船舶或其所有人、经营人、代理人的请求，有条件的VTS中心还可为其提供本规则第四章规定以外的服务。

第五章　法律责任

第二十二条　对违反本规则的，主管机关依据有关法律、法规和交通部颁布的有关规章给予处罚。

第二十三条　本规则的实施，在任何情况下都不免除船长对本船安全航行的责任，也不妨碍引航员和船长之间的职责关系。

第二十四条　为避免危及人命财产或环境安全的紧急情况发生，船长和引航员在背离本规则有关条款时，应立即报告VTS中心。

第六章　附　则

第二十五条　本规则下列用语的含义：

"船舶"是指按有关国际公约和国内规范规定应配备通信设备及主管机关要求加入VTS系统的船舶。

"VTS系统"是指为保障船舶交通安全，提高交通效率，保护水域环境，由主管机关设置的对船舶实施交通管制并提供咨询服务的系统。

"VTS区域"是指由主管机关划定并公布的，VTS系统可以实施有效管理的区域。

"VTS用户指南"是指由设置VTS系统的主管机关，根据本规则制定颁发便于船舶加入和使用VTS系统的指导性文件。

"船舶动态报告"是指船舶在某一VTS区域内，按照主管机关的规定通过甚高频无线电话或其他有效手段向VTS中心进行有关航行动态的报告。

第二十六条　凡设置VTS系统的主管机关根据本规则制定本VTS系统的船舶交通管理细则，报备中华人民共和国港务监督局。

第二十七条　本规则由中华人民共和国交通部负责解释。

第二十八条　本规则自1998年1月1日起施行。

任务三　游艇安全管理的相关规定

近年来，随着国内沿海城市游艇经济的迅速发展，国家相关主管机关陆续出台了一系列针对游艇的管理法规，逐步完善了游艇安全管理的相关规章制度，如交通运输部《游艇安全管理规定》《中华人民共和国海上海事行政处罚规定》《中华人民共和国船舶有关作业活动污染海洋环境防治管理规定》及国家海事局《关于加强游艇管理的通知》等。

一、交通运输部《游艇安全管理规定》学习

第一章　总　则

第一条　为了规范游艇安全管理，保障水上人命和财产安全，防治游艇污染水域环境，促进游艇业的健康发展，根据水上交通安全管理和防治船舶污染水域环境的法律、行政法规，制定本规定。

第二条　在中华人民共和国管辖水域内游艇航行、停泊等活动的安全和防治污染管理适用本规定。

本规定所称游艇，是指仅限于游艇所有人自身用于游览观光、休闲娱乐等活动的具备机械推进动力装置的船舶。

本规定所称游艇俱乐部，是指为加入游艇俱乐部的会员提供游艇保管及使用服务的依法成立的组织。

第三条　中华人民共和国海事局统一实施全国游艇水上交通安全和防治污染水域环境的监督管理。

各级海事管理机构依照职责，具体负责辖区内游艇水上交通安全和防治污染水域环境的监督管理。

第二章　检验、登记

第四条　游艇应当经船舶检验机构按照交通运输部批准或者认可的游艇检验规定和规范进行检验，并取得相应的船舶检验证书后方可使用。

第五条　游艇有下列情形之一的，应当向船舶检验机构申请附加检验：

（一）发生事故，影响游艇适航性能的；

（二）改变游艇检验证书所限定类别的；

（三）船舶检验机构签发的证书失效的；

（四）游艇所有人变更、船名变更或者船籍港变更的；

（五）游艇结构或者重要的安全、防污染设施、设备发生改变的。

第六条　在中华人民共和国管辖水域航行、停泊的游艇，应当取得船舶国籍证书。未持有船舶国籍证书的游艇，不得在中华人民共和国管辖水域航行、停泊。

申请办理船舶国籍登记，游艇所有人应当持有船舶检验证书和所有权证书，由海事管理机构审核后颁发《中华人民共和国船舶国籍证书》。

长度小于5米的游艇的国籍登记，参照前款的规定办理。

第三章　游艇操作人员培训、考试和发证

第七条　游艇操作人员应当经过专门的培训、考试，具备与驾驶的游艇、航行的水域相适应的专业知识和技能，掌握水上消防、救生和应急反应的基本要求，取得海事管理机构颁发的游艇操作人员适任证书。

未取得游艇操作人员适任证书的人员不得驾驶游艇。

第八条　申请游艇操作人员适任证书，应当符合下列条件：

（一）年满18周岁未满60周岁；

（二）视力、色觉、听力、口头表达、肢体健康等符合航行安全的要求；

（三）通过规定的游艇操作人员培训，并经考试合格。

第九条　申请游艇操作人员适任证书的，应当通过中华人民共和国海事局授权的海事管理机构组织的考试。

申请游艇操作人员适任证书的，应到培训或者考试所在地的海事管理机构办理，并

提交申请书以及证明其符合发证条件的有关材料。

经过海事管理机构审核符合发证条件的,发给有效期为5年的相应类别的游艇操作人员适任证书。

第十条　游艇操作人员适任证书的类别分为海上游艇操作人员适任证书和内河游艇操作人员适任证书。

第十一条　持有海船、内河船舶的船长、驾驶员适任证书或者引航员适任证书的人员,按照游艇操作人员考试大纲的规定,通过相应的实际操作培训,可以分别取得海上游艇操作人员适任证书和内河游艇操作人员适任证书。

第十二条　游艇操作人员适任证书的有效期不足6个月时,持证人应当向原发证海事管理机构申请办理换证手续。符合换证条件中有关要求的,海事管理机构应当给予换发同类别的游艇操作人员适任证书。

游艇操作人员适任证书丢失或者损坏的,可以按照规定程序向海事管理机构申请补发。

第十三条　依法设立的从事游艇操作人员培训的机构,应当具备相应的条件,并按照国家有关船员培训管理规定的要求,经过中华人民共和国海事局批准。

第四章　航行、停泊

第十四条　游艇在开航之前,游艇操作人员应当做好安全检查,确保游艇适航。

第十五条　游艇应当随船携带有关船舶证书、文书及必备的航行资料,并做好航行等相关记录。

游艇应当随船携带可与当地海事管理机构、游艇俱乐部进行通信的无线电通信工具,并确保与岸基有效沟通。

游艇操作人员驾驶游艇时应当携带游艇操作人员适任证书。

第十六条　游艇应当按照《船舶签证管理规则》的规定,办理为期12个月的定期签证。

第十七条　游艇应当在其检验证书所确定的适航范围内航行。

游艇所有人或者游艇俱乐部在第一次出航前,应当将游艇的航行水域向当地海事管理机构备案。游艇每一次航行时,如果航行水域超出备案范围,游艇所有人或者游艇俱乐部应当在游艇出航前向海事管理机构报告船名、航行计划、游艇操作人员或者乘员的名单、应急联系方式。

第十八条　游艇航行时,除应当遵守避碰规则和当地海事管理机构发布的特别航行规定外,还应当遵守下列规定:

(一)游艇应当避免在恶劣天气以及其他危及航行安全的情况下航行。

(二)游艇应当避免在船舶定线制水域、主航道、锚地、养殖区、渡口附近水域以及交通密集区及其他交通管制水域航行,确需进入上述水域航行的,应当听从海事管理机构的指挥,并遵守限速规定;游艇不得在禁航区、安全作业区航行。

(三)不具备号灯及其他夜航条件的游艇不得夜航。

(四)游艇不得超过核定乘员航行。

第十九条　游艇操作人员不得酒后驾驶、疲劳驾驶。

第二十条　游艇应当在海事管理机构公布的专用停泊水域或者停泊点停泊。

游艇的专用停泊水域或者停泊点，应当符合游艇安全靠泊、避风以及便利人员安全登离的要求。

游艇停泊的专用水域属于港口水域的，应当符合有关港口规划。

第二十一条　游艇在航行中的临时性停泊，应当选择不妨碍其他船舶航行、停泊、作业的水域。不得在主航道、锚地、禁航区、安全作业区、渡口附近以及海事管理机构公布的禁止停泊的水域内停泊。

第二十二条　在港口水域内建设游艇停泊码头、防波堤、系泊设施的，应当按照《港口法》的规定申请办理相应许可手续。

第二十三条　航行国际航线的游艇进出中华人民共和国口岸，应当按照国家有关船舶进出口岸的规定办理进出口岸手续。

第二十四条　游艇不得违反有关防治船舶污染的法律、法规和规章的规定向水域排放油类物质、生活污水、垃圾和其他有毒有害物质。

游艇应当配备必要的污油水回收装置、垃圾储集容器，并正确使用。

游艇产生的废弃蓄电池等废弃物、油类物质、生活垃圾应当送交岸上接收处理，并做好记录。

第五章　安全保障

第二十五条　游艇的安全和防污染由游艇所有人负责。游艇所有人应当负责游艇的日常安全管理和维护保养，确保游艇处于良好的安全、技术状态，保证游艇航行、停泊以及游艇上人员的安全。

委托游艇俱乐部保管的游艇，游艇所有人应当与游艇俱乐部签订协议，明确双方在游艇航行、停泊安全以及游艇的日常维护、保养及安全与防污染管理方面的责任。

游艇俱乐部应当按照海事管理机构的规定及其与游艇所有人的约定，承担游艇的安全和防污染责任。

第二十六条　游艇俱乐部应当具备法人资格，并具备下列安全和防污染能力：

（一）建立游艇安全和防污染管理制度，配备相应的专职管理人员；

（二）具有相应的游艇安全停泊水域，配备保障游艇安全和防治污染的设施，配备水上安全通信设施、设备；

（三）具有为游艇进行日常检修、维护、保养的设施和能力；

（四）具有回收游艇废弃物、残油和垃圾的能力；

（五）具有安全和防污染的措施和应急预案，并具备相应的应急救助能力。

第二十七条　游艇俱乐部依法注册后，应当报所在地直属海事局或者省级地方海事局备案。

交通运输部直属海事局或者省级地方海事局对备案的游艇俱乐部的安全和防污染能力应当进行核查。具备第二十六条规定能力的，予以备案公布。

第二十八条　游艇俱乐部应当对其会员和管理的游艇承担下列安全义务：

（一）对游艇操作人员和乘员开展游艇安全、防治污染环境知识和应急反应的宣传、培训和教育；

（二）督促游艇操作人员和乘员遵守水上交通安全和防治污染管理规定，落实相应的措施；

（三）保障停泊水域或者停泊点的游艇的安全；

（四）核查游艇、游艇操作人员的持证情况，保证出航游艇、游艇操作人员持有相应有效证书；

（五）向游艇提供航行所需的气象、水文情况和海事管理机构发布的航行通（警）告等信息服务，遇有恶劣气候条件等不适合出航的情况或者海事管理机构禁止出航的警示时，应当制止游艇出航并通知已经出航的游艇返航；

（六）掌握游艇的每次出航、返航以及乘员情况，并做好记录备查；

（七）保持与游艇、海事管理机构之间的通信畅通；

（八）按照向海事管理机构备案的应急预案，定期组织内部管理的应急演练和游艇成员参加的应急演习。

第二十九条　游艇必须在明显位置标明水上搜救专用电话号码、当地海事管理机构公布的水上安全频道和使用须知等内容。

第三十条　游艇遇险或者发生水上交通事故、污染事故，游艇操作人员及其他乘员、游艇俱乐部以及发现险情或者事故的船舶、人员应当立即向海事管理机构报告。游艇俱乐部应当立即启动应急预案。在救援到达之前，游艇上的人员应当尽力自救。

游艇操作人员及其他乘员对在航行、停泊时发现的水上交通事故、污染事故、求救信息或者违法行为应当及时向海事管理机构报告。需要施救的，在不严重危及游艇自身安全的情况下，游艇应当尽力救助水上遇险的人员。

第六章　监督检查

第三十一条　海事管理机构应当依法对游艇、游艇俱乐部和游艇操作人员培训机构实施监督检查。游艇俱乐部和游艇所有人应当配合，对发现的安全缺陷和隐患，应当及时进行整改、消除。

第三十二条　海事管理机构发现游艇违反水上交通安全管理和防治船舶污染环境管理秩序的行为，应当责令游艇立即纠正；未按照要求纠正或者情节严重的，海事管理机构可以责令游艇临时停航、改航、驶向指定地点、强制拖离、禁止进出港。

第三十三条　海事管理机构发现游艇俱乐部不再具备安全和防治污染能力的，应当责令其限期整改；对未按照要求整改或者情节严重的，可以将其从备案公布的游艇俱乐部名录中删除。

第三十四条　海事管理机构的工作人员依法实施监督检查，应当出示执法证件，表明身份。

第七章　法律责任

第三十五条　违反本规定，未取得游艇操作人员培训许可擅自从事游艇操作人员培训的，由海事管理机构责令改正，处5万元以上25万元以下罚款；有违法所得的，还应当没收违法所得。

第三十六条　游艇操作人员培训机构有下列行为之一的，由海事管理机构责令改正，可以处2万元以上10万元以下罚款；情节严重的，给予暂扣培训许可证6个月以上2年以下直至吊销的处罚：

（一）不按照本规定要求和游艇操作人员培训纲要进行培训，或者擅自降低培训标准；

（二）培训质量低下，达不到规定要求。

第三十七条　违反本规定，在海上航行的游艇未持有合格的检验证书、登记证书和必备的航行资料的，海事管理机构责令改正，并可处以1 000元以下罚款，情节严重的，海事管理机构有权责令其停止航行；对游艇操作人员，可以处以1 000元以下罚款，并扣留游艇操作人员适任证书3至12个月。

违反本规定，在内河航行的游艇未持有合格的检验证书、登记证书的，由海事管理机构责令其停止航行，拒不停止的，暂扣游艇；情节严重的，予以没收。

第三十八条　违反本规定，游艇操作人员操作游艇时未携带合格的适任证书的，由海事管理机构责令改正，并可处以2 000元以下罚款。

第三十九条　游艇操作人员持有的适任证书是以欺骗、贿赂等不正当手段取得的，海事管理机构应当吊销该适任证书，并处2 000元以上2万元以下的罚款。

第四十条　违反本规定，游艇有下列行为之一的，由海事管理机构责令改正，并可处以1 000元以下罚款：

（一）未在海事管理机构公布的专用停泊水域或者停泊点停泊，或者临时停泊的水域不符合本规定的要求；

（二）游艇的航行水域超出备案范围，而游艇所有人或者游艇俱乐部未在游艇出航前将船名、航行计划、游艇操作人员或者乘员的名单、应急联系方式等向海事管理机构备案。

第四十一条　其他违反本规定的行为，按照有关法律、行政法规、规章进行处罚。

第四十二条　海事管理机构工作人员玩忽职守、徇私舞弊、滥用职权的，应当依法给予行政处分。

第八章　附　则

第四十三条　游艇从事营业性运输，应当按照国家有关营运船舶的管理规定，办理船舶检验、登记和船舶营运许可等手续。

第四十四条　游艇应当按照国家的规定，交纳相应的船舶税费和规费。

第四十五条　乘员定额12人以上的游艇，按照客船进行安全监督管理。

第四十六条　本规定自2009年1月1日起施行。

二、国家海事局《关于加强游艇管理的通知》

为了加强对游艇的管理,保障水上交通安全,防治游艇污染水域环境,根据《海上交通安全法》《海洋环境保护法》《水污染防治法》《内河交通安全管理条例》等法律、法规,现将有关事项通知如下。

(一)按照游艇业的特点,依法管理游艇

1. 游艇的航行、停泊属于水上交通活动,应当依照国家有关水上交通安全和防治船舶污染的法律、法规和规章进行管理。同时,游艇活动属于高档消费行为,不同于生产经营性船舶,不能完全采取对生产经营性船舶的管理理念和方式,要结合游艇管理中的自身特点和规律,促进游艇业健康、有序发展。

2. 游艇管理应当遵循安全第一、方便有序、健康发展、有效监管的原则,实行业主自主管理、行业自律与交通主管部门(海事管理机构)依法监管相结合的管理制度,共同营造安全、清洁、有序、畅通的水上公共交通环境。

(二)游艇管理的适用范围

1. 游艇是指符合交通部批准或者认可的游艇检验规范,由公民、法人或者其他组织拥有,并从事非营业性游览观光、休闲娱乐等活动的船舶,包括以整船租赁形式从事自娱自乐活动的游艇。

2. 从事经营性运输的旅游船,适用客船的有关管理规定,须向规定的船舶检验机构、海事管理机构和交通主管部门申请办理检验、登记和营运手续。游艇改为从事经营性活动的,应按规定向海事管理机构申请注销游艇登记,重新办理船舶检验和登记,并按规定向交通主管部门申请办理船舶营运许可手续。

(三)游艇的检验

1. 游艇应当符合交通部批准或者认可的游艇检验技术法规或者规范,经中华人民共和国海事局认可的船舶检验机构检验合格并取得相应的船舶检验证书。对同型号批量生产的游艇,经船舶检验机构的型式认可后签发相应的船舶检验证书。

2. 在境外购入的非营业性自用游艇,应当持有境外有关主管机关认可的游艇检验证书或者认可的组织签发的游艇合格证,并向经中华人民共和国海事局认可的船舶检验机构申请初次检验。

3. 使用中的游艇应当按照规定每2年向船舶检验机构申请定期检验,经检验合格方可继续使用。但游艇业主委托游艇俱乐部按照双方合同规定由俱乐部承担日常维护、保养和管理的游艇,可以每5年申请定期检验,该游艇俱乐部必须符合本通知的有关规定。

(四)游艇的登记

1. 游艇的所有人应当按照《中华人民共和国船舶登记条例》的规定,向海事管理机构申请办理船舶登记,取得《船舶所有权证书》和《中华人民共和国船舶国籍证书》。未取得中华人民共和国或者其他国家、地区《船舶国籍证书》的游艇,不得在中华人民共和国沿海、内河及其他管辖水域航行、停泊。

2. 在港澳台地区办理了船舶登记的游艇,可以在不注销已办理船舶登记的条件下,向海事管理机构申请办理临时船舶国籍证书。

（五）游艇驾驶人员的培训、考试和发证

1. 游艇驾驶人员应当经过专门的培训、考试，取得海事管理机构颁发的游艇驾驶人员适任证书。

2. 在游艇上服务的专职船员，应当符合交通部有关船员培训、考试、发证的规定，取得船员服务簿和相应的船员适任证书。

3. 从事游艇驾驶人员培训的机构，应当具备下列条件，并经中华人民共和国海事局备案和公布。

（1）具备相应的培训场地和训练水域，有可供实际操作训练的游艇等设施和设备；

（2）有足够数量的符合要求的培训教员；

（3）有相应的法规资料、教材和技术资料等；

（4）具有完整的内部管理规章制度、安全措施和应急预案，并建立培训质量控制体系。

4. 游艇驾驶人员培训机构开展游艇驾驶员培训时，应当将培训的具体时间和学员名单向海事管理机构备案，并统一为学员向海事管理机构办理考试、发证的申请。游艇驾驶人员培训机构应当实行学籍管理和考勤制度，保证每个学员的训练内容和训练时间，并保障培训质量和训练安全，接受海事管理机构的监督检查。

5. 游艇驾驶人员的考试（包括理论考试和实操考试），在其培训期内由海事管理机构负责实施。

6. 经考试合格的人员，符合规定的年龄和交通部发布的船员体检标准中有关视力、色觉、听力、口头表达、肢体健康等要求的，由有关海事管理机构签发中华人民共和国海事局颁发或者认可的游艇驾驶证书。未按照规定持有相应的船员适任证书、游艇驾驶证书的人员，不得驾驶游艇。

（六）游艇的专用水域

1. 游艇航行、停泊的专用水域，由海事管理机构依法批准，专用水域属于港口水域的，应当符合有关港口规划；申请游艇专用的航行、停泊水域，应当按照《海事行政许可条件规定》和《交通行政许可程序规定》，向海事管理机构办理相应的航道（路）、安全作业水域许可。

2. 建立游艇专用码头、防波堤、系泊设施的，应当符合海事管理机构有关船舶安全系泊和防治船舶污染的规定以及方便人员安全登离的条件，并按照《海事行政许可条件规定》和《交通行政许可程序规定》，向海事管理机构申请办理相应的岸线安全使用许可。在港口水域内建立游艇停泊码头、防波堤、系泊设施的，还应当按照《港口法》《港口经营管理规定》，向港口行政管理部门申请办理相应的港口经营许可。

（七）游艇的航行、停泊活动

1. 游艇驾驶员驾驶游艇时，应当携带相应的船员适任证书、游艇驾驶证书。游艇在开航之前，游艇驾驶人员或者游艇俱乐部应当做好安全检查，确保游艇适航。

2. 游艇在航行时，除应当遵守避碰规则和当地海事管理机构发布的航行规定外，还应当遵守下列规定。

（1）避免在船舶定线制水域、主航道、锚地、渡口附近水域、交通密集区及其他交通管制水域航行，确需进入上述水域航行的，应当向海事管理机构报告，听从指挥，并不得超速航行。

（2）游艇应当在其船舶检验证书或者游艇合格证书所确定的适航范围或者海事管理机构核定的活动水域内航行，不得在禁航区、安全作业区航行。

（3）游艇不得超过安全适航抗风等级开航，避免在恶劣天气及危及航行安全的情况下航行，不得超过核定乘员航行。

（4）游艇在航行中的临时性停泊，可以在不妨碍其他船舶航行、停泊、作业的水域停泊，但是不得在船舶定线制区、主航道、锚地、渡口附近水域、交通管制区、禁航区、安全作业区以及海事管理机构公布的禁止停泊的水域内停泊，游艇的非临时性停泊，应当在海事管理机构批准、划定并公布的专用停泊水域或者停泊点停泊；在港口水域的，应当在港口行政管理部门批准的游艇码头停泊。

（5）游艇驾驶人员不得酒后驾驶和疲劳驾驶。

3. 游艇出海远航，游艇驾驶人员或者游艇俱乐部应当将航行计划、船员或者乘员的名单、应急联系方式等向海事管理机构备案。游艇前往其他国家、地区，应当按照国家有关船舶进出口岸的规定办理出入口岸许可手续。

4. 外国籍游艇从水上入境或者出境，应当按照《中华人民共和国船舶进出口岸管理办法》和《中华人民共和国对外国籍船舶管理规定》办理相应的手续。

5. 民间从事具有规模或者影响的游艇航海活动，中国航海学会应当给予相应的技术指导。民间产生的游艇航海记录，应当报经中国航海学会审核并认可。

（八）防治游艇污染水域环境

1. 游艇应当配备必要的污油水、废水回收装置和垃圾储集容器，并正确使用。游艇不得违反有关防治船舶污染的法律、法规和规章的规定向水域排放油类物质、生活污水、船舶垃圾和其他污染性有毒有害物质。

2. 游艇产生的废油、废弃蓄电池、生活垃圾等废弃物应当送交岸上的接收单位接收、处理。

（九）游艇的日常维护和管理

1. 游艇的日常维护保养和安全管理，由游艇的所有人、使用人自主管理，或者委托游艇俱乐部管理。游艇的所有人、使用人或者负责管理的游艇俱乐部应当确保游艇处于适航状态，并自觉遵守交通部有关游艇管理的规定。

2. 接受游艇安全管理的游艇俱乐部应具备以下条件，并向中华人民共和国海事局办理备案、公布：

（1）经合法注册，具备独立法人资格；

（2）建立游艇安全和防污染管理体系，配备相应的专职管理人员；

（3）有相应的游艇停泊水域、保障游艇安全的设施和通信设备；

（4）具有为游艇进行日常检修、维护、保养的设施和能力；

（5）具有回收游艇废弃物、残油和垃圾的设施和能力；

（6）具有安全和防污染的措施和应急预案，并具备相应的应急救助能力。

3. 游艇俱乐部应当按照水上交通安全管理和防治船舶污染环境的法律、法规、规章的规定和海事行政监督管理的要求，建立、健全相应的安全管理制度，加强对游艇的安全和防污染管理，落实游艇的管理责任，具体职责包括：

（1）与会员签订协议，明确双方在游艇安全和防污染方面的权利、义务和责任；

（2）开展游艇安全、防污染知识宣传、培训和教育；

（3）做好游艇的日常检修、维护、保养、管理和游艇出航前的安全检查，发现游艇有安全缺陷时，负责向船舶检验机构报告并申请临时检验；

（4）提供游艇航行所需的气象、水文情况等信息服务；遇有恶劣气候条件等不适合出航的情况或者海事管理机构禁止出航的警示时，应当制止游艇出航；

（5）督促游艇驾驶人员和乘员遵守水上交通安全和防污染管理规定，落实相应的措施；

（6）掌握游艇的每次出航和返航情况以及乘员情况并做好记录，保持与游艇、海事管理机构之间的通信畅通；

（7）定期组织游艇驾驶人员进行消防、搜救等应急反应演习，并做好记录。

4. 游艇的所有人或者其委托的游艇使用人、游艇俱乐部，应当按照国家的规定，交纳相应的船舶税收和规费。

（十）应急管理

1. 游艇的船员、驾驶人员或者乘员，必须牢记国内公众通信水上搜救专用电话12395；配备或者携带具备水上安全通信设备的，还应当牢记当地海事管理机构公布的水上安全频道及其联系方法。

2. 游艇遇险或者发生水上交通事故、船舶污染事故，游艇上的人员、游艇俱乐部以及附近的船舶、人员应当立即向海事管理机构报告。游艇俱乐部应当立即启动应急预案。在救援到达之前，游艇上的人员应当尽力自救。在不危及游艇自身安全的情况下，游艇驾驶人员应当听从海事管理机构的统一指挥，尽力救助水上遇险的人员。

3. 游艇驾驶人员及其他乘员对在航行、停泊时发现的水上交通和污染事故、求救信息或者违法行为应当及时向海事管理机构报告；对需要救助的，在不严重危及自身安全的情况下给予救助。

4. 发生交通事故、污染事故的游艇，其所有人、使用人、游艇俱乐部应当接受海事管理机构对事故的依法调查、处理。

（十一）游艇的监督管理

1. 海事管理机构应当依法对游艇实施安全和防污染监督管理。海事管理机构对在检查中发现的安全、污染问题或者隐患，应当责令游艇所有人、使用人或者游艇俱乐部立即消除或者限期消除。游艇所有人、使用人、游艇俱乐部应当接受海事管理机构的监督检查,对发现的安全问题、隐患,应当及时进行整改、消除。海事管理机构依法实施检查时,可以视情况采取责令临时停航、改航、驶向指定地点、禁止进出港等强制措施。

2. 海事管理机构应当加强对游艇俱乐部水上交通安全和防治船舶污染环境的指导和监督管理。发现不再具备条件的游艇俱乐部,海事管理机构应当责令其限期整改。对未按照要求整改或者情节严重的游艇俱乐部,海事管理机构可以将其从备案公布的游艇俱乐部名录中予以注销。

3. 海事管理机构应当对游艇驾驶人员培训机构的培训质量进行监督检查。发现存在培训质量问题的,海事管理机构应当责令培训机构限期整改;情节严重的,可以宣布培训无效,并可以将其从备案公布的游艇驾驶人员培训机构名录中予以注销。

4. 对违反海事行政管理秩序的游艇、游艇所有人或者使用人、游艇驾驶人员、游艇俱乐部,海事管理机构应当按照交通部发布的海事行政处罚规定中对船舶、船舶所有人(或者经营人、管理人)、船员的有关处罚规定予以处罚。

各级海事管理机构接到本通知后,应当对辖区内的游艇进行检验、登记,对游艇驾驶人员的资格、游艇俱乐部的安全和防污染管理以及游艇航行、停泊等情况进行管理,并将情况逐级上报。同时,应当向游艇业主和游艇俱乐部宣传水上交通安全、防治船舶污染的政策和法规,逐步规范游艇业的行为,防治游艇业发展和相关活动中的违法现象,杜绝游艇活动中的"三无"船舶和无证驾驶行为。

2006年8月22日

三、《中华人民共和国船舶有关作业活动污染海洋环境防治管理规定》相关要求

1. 防治船舶及其有关作业活动污染中华人民共和国管辖海域适用本规定。本规定所称有关作业活动,是指船舶装卸、过驳、清舱、洗舱、油料供受、修造、打捞、拆解、污染危害性货物装箱、充罐、污染清除以及其他水上水下船舶施工作业等活动。

2. 国务院交通运输主管部门主管全国船舶及其有关作业活动污染海洋环境的防治工作。国家海事管理机构负责监督管理全国船舶及其有关作业活动污染海洋环境的防治工作。各级海事管理机构根据职责权限,具体负责监督管理本辖区船舶及其有关作业活动污染海洋环境的防治工作。

3. 船舶的结构、设备、器材应当符合国家有关防治船舶污染海洋环境的船舶检验规范以及中华人民共和国缔结或者加入的国际条约的要求,并按照国家规定取得相应的合格证书。

4. 船舶应当依照法律、行政法规、国务院交通运输主管部门的规定以及中华人民共和国缔结或者加入的国际条约的要求,取得并随船携带相应的防治船舶污染海洋环境的证书、文书。

5. 船员应当具有相应的防治船舶污染海洋环境的专业知识和技能,并按照有关法律、行政法规、规章的规定参加相应的培训、考试,持有有效的适任证书或者相应的培训合格证明。

6. 任何单位和个人发现船舶及其有关作业活动造成或者可能造成海洋环境污染

的，应当立即就近向海事管理机构报告。

7. 在中华人民共和国管辖海域航行、停泊、作业的船舶排放船舶垃圾、生活污水、含油污水、含有毒有害物质污水、废气等污染物以及压载水，应当符合法律、行政法规、有关标准以及中华人民共和国缔结或者加入的国际条约的规定。

船舶在船舶排放控制区内航行、停泊、作业还应当遵守船舶排放控制区大气污染防治控制要求。船舶应当使用低硫燃油或者采取使用岸电、清洁能源、尾气后处理装置等替代措施满足船舶大气排放控制要求。

8. 船舶不得向依法划定的海洋自然保护区、海洋特别保护区、海滨风景名胜区、重要渔业水域以及其他需要特别保护的海域排放污染物。

情境二　游艇航行

一、黄、渤海海区概况

渤海深入我国大陆内部，由辽东半岛和山东半岛呈拱形环抱，东以老铁山西角和蓬莱头连线与黄海分界，西依河北省和天津市，为我国内海。黄海位于我国海区的北部，北起鸭绿江口，西临辽宁、山东和江苏3省，东邻朝鲜半岛西岸，南以长江口北角和韩国的济州岛西南端连线与东海分界。并以成山角和朝鲜的长山串连线将黄海分为南、北两部分，连线以北称为黄海北部，以南称为黄海中南部。黄、渤海海区共有岛屿约900个，大多分布在多山地带的近海，在各港口附近亦有零星散布。

黄、渤海海区海岸曲折多湾，尤以辽东半岛和山东半岛岸侧最为突出，海区的主要港湾锚地多集中在其两侧及渤海湾内。苏北海岸平直，沿岸多大片泥沙滩，只有一些小型的河口港。我国黄、渤海海区的主要港口从北至南有丹东港、大连港、旅顺新港、营口港、锦州港、葫芦岛港、秦皇岛港、京唐港、天津港、东营港、莱州港、龙口港、蓬莱港、烟台港、威海港、石岛港、龙眼港、青岛港、积米崖港、日照港、岚山港和连云港等。

二、东海海区概况

东海位于我国海岸中部以东，面积约为78万平方千米，北以长江口北角与韩国的济州岛西南端连线为界，南以南澳岛与台湾岛南端的鹅銮鼻连线为界。该海区西濒我国大陆，北接黄海，东邻琉球群岛，南连南海。东北有朝鲜海峡通日本海，东有琉球群岛各水道通太平洋，南部有台湾海峡通南海。

我国在东海区（包括长江下游）的主要港口有南京港、镇江港、江阴港、南通港、张家港、上海港、嘉兴港、宁波港、舟山港、台州港、温州港、福州港、湄洲湾港、泉州港、厦门港、漳州港、高雄港、花莲港、台中港、苏澳港、基隆港等。

三、南海海区概况

南海是濒临我国的三个边缘海之一，北濒我国华南大陆，东邻菲律宾，南达加里曼丹岛，西靠中南半岛和马来半岛，面积约350万平方千米。南海和东海的分界线是广东省南澳岛和台湾岛南端鹅銮鼻之间的连线。

我国在南海海区的主要港口有汕头港、汕尾港、惠州港、广州港、深圳港、香港维多利亚港、澳门港、珠海港、茂名水东港、湛江港、海口港、洋浦港、八所港、三亚港、北海港、钦州港、防城港等，这些港口为我国的海上运输和对外贸易提供了极为便利的条件。

我国海区沿岸各大港口概况及通航安全管理规章详见附录一。

任务二 潮汐基本知识

任 务 内 容

一、潮汐的基本成因

潮汐现象是指海水在天体(主要是月球和太阳)引潮力作用下所产生的周期性运动。习惯上把海面垂直方向的涨落称为潮汐,而海水在水平方向的流动称为潮流。为了表示生潮的时刻,一般把发生在早晨的高潮叫潮,发生在晚上的高潮叫汐。

二、潮汐术语

平均海面(Mean Sea Level, MSL):根据长期潮汐观测记录得出的某一时期的海面平均高度。

海图深度基准面(Chart Datum, CD):计算海图深度的起算面。

潮高基准面(Tidal Datum, TD):计算潮高的起算面,一般即为海图深度基准面。如两者不一致时,则应进行订正,才能将潮高应用到海图上。

涨潮:海面上升的过程。

落潮:海面下降的过程。

高潮:海面涨到最高位置时,称为高潮。

低潮:海面降到最低位置时,称为低潮。

平潮和停潮:当高潮发生后,海面有一段时间呈现停止升降的现象,称为平潮;当低潮发生后,海面也有一段时间呈现停止升降的现象,称为停潮。

涨潮时间:从低潮到高潮的时间间隔。

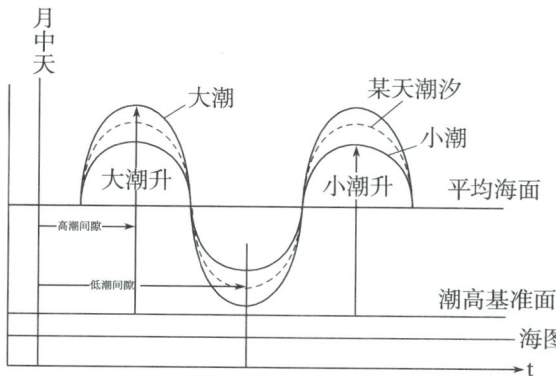

图2-2-1　潮汐术语图解(一)　　　　图2-2-2　潮汐术语图解(二)

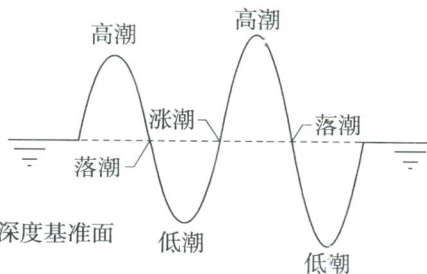

落潮时间：从高潮到低潮的时间间隔。

大潮：当月球处于新月或满月时，出现高潮最高、低潮最低的现象，称为大潮。

小潮：当月球处于上弦或下弦时，出现高潮最低、低潮最高的现象，称为小潮。

三、潮汐类型

根据潮汐性质可以将潮汐分为以下4种类型。

1. 正规半日潮：在一个太阴日内发生两次高潮和低潮。两次高潮和两次低潮的高度都相差不大，而涨落潮时也很接近，如青岛。

2. 不正规半日潮混合潮：它基本上还具有半日潮的特性，但在一个太阴日内相邻的高潮或低潮的潮位相差很大，涨潮时和落潮时也不等，如浙江镇海。

3. 不正规日潮混合潮：在半个月中，日潮的天数不超过7天，其余天数为不正规半日潮，如南海暹罗湾。

4. 正规日潮：在半个月中有连续12天以上天数是日潮，而在其余日子则为半日潮。我国南海有许多地点（如北部湾、红岛、德顺港等）的潮汐涨落情况，都属于正规日潮型。

四、我国沿海水域潮汐特点

中国沿海的潮汐主要由太平洋潮波传入引起。海区直接受引潮力而产生的潮汐是极小的。

太平洋潮波经我国台湾和九州之间的水道进入东海后，其中小部分进入台湾海峡，绝大部分向西北方向传播，从而形成渤海、黄海和东海的潮波。太平洋潮波经巴士海峡后，部分进入台湾海峡，其主支南下构成南海的潮波系统。

潮波在运动过程中由于受到地转偏向力和复杂的海底地形以及曲折海岸的影响，使中国沿海的潮汐类型复杂，潮差变化显著。潮汐类型既有正规半日潮和全日潮，也有混合潮。潮差小的只有几十厘米，大的将近10 m；潮流小的仅零点几节，大的可达10 kn左右。还有闻名中外的钱塘江暴涨潮和深入内陆600多千米的长江潮，以及典型的北海湾全日潮。

渤海多为不正规半日潮，秦皇岛及其附近为日潮，黄河口外为不正规日潮。渤海中部的最大可能潮差在2 m以下，近岸约3 m，其中辽东湾及渤海湾顶部的最大潮差超过5 m。

黄海除成山头附近局部海区是正规全日潮外，黄海大部分为正规半日潮。山东半岛北岸最大可能潮差为2~3 m，辽东半岛东岸为3~8 m，连云港附近及江苏沿岸在4米以上。黄海东岸朝鲜一侧的潮差普遍比我国一侧大，仁川最大潮差可达12 m。

东海属半日潮，东侧为不正规半日潮，西侧为正规半日潮。浙江、福建沿岸是我国潮差最大的地方，大部分地区最大可能潮差在7 m以上，杭州湾为8~9 m。

南海的潮汐比较复杂，从厦门西南的浮头湾，一直到雷州半岛东岸为不正规日潮；海南岛西部和北海湾为全日潮。南海的潮差一般比东海小，其东部海域为1~3 m，西部较大，北部湾为5~6 m。

台湾西侧为不正规半日潮，东侧为半日潮。

五、《潮汐表》认知

目前，《潮汐表》的出版单位主要有两家，国家海洋局海洋信息中心和中国人民解放军海军司令部航海保证部。以下仅对国家海洋局海洋信息中心出版的《潮汐表》进行介绍。

(一)《潮汐表》

《潮汐表》共六册，各册范围如下。

第一册：中国渤海和黄海沿岸，从鸭绿江口至长江口。

第二册：中国东海沿岸，从长江口至台湾海峡。

第三册：中国南海沿岸及诸群岛，从台湾海峡至北部湾。

第四册：太平洋及毗邻水域。

第五册：印度洋沿岸（含地中海）及欧洲水域。

第六册：大西洋沿岸及非洲东海岸。

《潮汐表》每年出版一次，下年度《潮汐表》均在本年度提前编好发行。

图2-2-3　《潮汐表》书影

(二)主要内容

1. 主港潮汐预报表：这部分刊载了各主港的逐日高、低潮时和潮高预报以及我国部分港口的逐时潮高。

2. 潮流预报表：这部分刊载了部分海峡、港湾、航道以及渔场的潮流预报。

3. 差比数和潮信表：这部分用以附港和主港差比数推算附港潮汐，用潮信资料概算潮汐。

该书还刊有"站位分布示意图""部分港口潮高订正值表""格林威治月中天时刻表""东经120°月中天时刻表（北京标准时）"和"月赤纬表（世界时0时）"以及梯形图卡。

(三)注意事项

1. 我国沿海港口用北京标准时（东8区）：外国诸港均在每页左下角注明所用标准时。

2. 潮高基准面与海图深度基准面的不一致问题：潮高基准面一般与海图深度基准面一致，这样某地某时潮高加上当地海图水深即得该地该时的实际水深。反之，某时某地的实测水深减去潮高，即得该时该地的海图水深，用于测深辨位。但是，有些港口的海图深度基准面与《潮汐表》采用的潮高基准面不尽一致，使用时应予订正。

3. 《潮汐表》的误差及水文气象的影响：在正常情况下，中国沿岸三册《潮汐表》预报潮时的误差一般为20~30 min，潮高误差一般为20~30 cm，特殊情况除外。

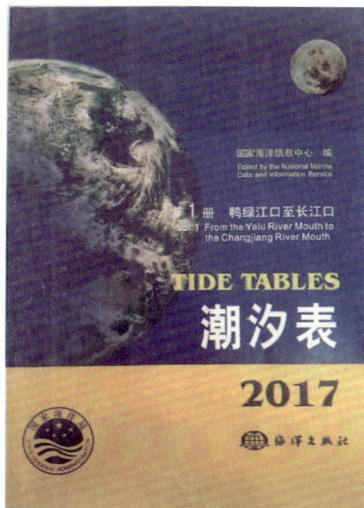

一、确定航道走向及左右侧规定

（1）航道走向为从海上驶向港口、河流、河口或其他水道时所采取的走向。

（2）在外海、海峡或岛屿之间的水道，原则上航道走向按围绕大片陆地顺时针航行的方向。

（3）复杂的环境里，航道走向由航标主管部门确定，并在海图上用箭头表示，当船舶顺着航道走向航行时，其左舷一侧为航道的左侧，右舷一侧为航道的右侧。

（4）同一航道浮标的编号，按航道走向的方向顺序编排或左双右单编排。

二、认识航标标志类型及作用

（一）航标的种类

助航标志简称航标，包括用来标示航道宽度、指示航道方向及水中障碍物的位置、标示特定水域的范围，供船舶定位、导航和避开危险物时使用的人工设置的一切标志。根据其设置的位置及用途可分为以下几种。

1. 陆上航标：设置在岛屿、礁石、海岸等陆地上的航标称为陆上航标。陆上航标有灯塔、灯桩和立标。这类航标在海图上的位置是准确的，因此，可以用于定位和导航。

图2-3-1 灯塔

（1）灯塔（图2-3-1）：一般设置在重要位置，如显著岬角、港湾入口处、重要航道附近以及孤立危险物上。灯塔大多有专人看守，工作可靠，海图位置准确，是陆标定位的良好标志。灯光射程一般为15~25海里；灯塔的灯高一般均较高且装有强光灯，以其特定的光色和光质作为识别特征，夜间能在较远的距离上被及时准确发现。灯塔多附设雾号，有的灯塔附设有音响信号、无线电信号等。

图2-3-2 灯桩

（2）灯桩（图2-3-2）：一般设置在航道附近的岸上或浅水处，以及孤立的礁石上或港口附近的阻浪堤上，常用于港内避险和导航。灯桩大多无人看管，结构比灯塔简单，多为柱状或铁架结构。灯桩在海图上的位置准确，也是良好的定位陆标。

（3）立标大多设置在浅水区及水中礁石上，用以标示沙嘴和浅滩尽头以及礁石等较小碍航物，无发光灯，专供白天导航和避险。设在岸上的立标多作为导标或叠标，用于船舶进出港导航以及测定船舶运动性能和罗经差等。立标结构更简单，杆状，其顶部带有球形或三角形等标志。

2. 水上标志：是指浮在水面上，并用锚、链牢固地系在预定点水面上的航标。水上航标包括灯船和浮标。这类航标有时在风浪的作用下或受船舶碰撞时可能移位，甚至灭失，因此，不能用于定位，可用于导航或标示特定水域的范围。

（1）灯船（图2-3-3）：设置在周围无显著陆标又不便建造灯塔的重要航道附近，以引导船舶进出港口、避险等。灯船在甲板高处设有发光设备。灯船具有能经受风浪袭击和顶住强流的牢固结构和锚设备，灯光射程较远，可靠性较好，有的还有人看管。灯船的船身一般涂红色，船体两侧有船名或编号，桅上悬挂黑球，供白天识别用。

图2-3-3　灯船

（2）浮标（图2-3-4）：设置在海港和沿海航道以及水下危险物附近，用以标示航道，指示沉船、暗礁、浅滩等危险物的位置。浮标是具有规定的形状、尺寸、颜色等的浮动标志，锚泊在指定位置，它可能装有发光器、音响设备、雷达反射器和规定的顶标等。浮标受海流和潮汐的影响，其实际位置以锚碇为中心在一定范围内移动，遇大风浪时可能会移位或漂失。一般不能用浮标来定位。

图2-3-4　浮标

（二）航标的作用

1. 标示航道：在进港航道或在狭窄水道的岸上设置导标，或在水上设置灯浮及灯船，标示航道的界线，以引导船舶安全进出该航道。

2. 标示危险物或危险区：指示航道附近的暗礁、沉船、浅滩及其他危险物，指引船舶避离危险物。

3. 供船舶定位：利用陆上航标或无线电航标测定船位。

4. 供某些特殊需要使用：如标示锚地、海上作业、捕鱼作业区的范围，供测定船舶操纵要素、航速、计程仪改正率及消除罗经自差等使用。

（三）航标的识别

海图图式见表2-3-1。

表2-3-1　航标图式

名称		中版	英版	
航标	灯塔	★	★	
	灯桩	★	★	
	航空灯塔	★航空	★Aero	
	灯船	⚓	⚓	

三、中国海区水上助航标志的识别及航行方法

我国制定了《中国海区水上助航标志》国家标准（GB4696—84），适用于该标准的中国海区水上助航标志主要有侧面标、方位标、安全水域标、孤立危险标和专用标五大类。

（一）标志特征

1. 白天可以根据标志的形状、颜色、顶标和编号识别船舶标志特征。

（1）标身形状图式：见表2-3-2。

表2-3-2　标身形状图式

罐形	锥形	球形	柱形	杆形

（2）标身颜色：红色、绿色、红绿横纹、黄黑竖纹、红黑横纹、红白竖纹、黄色。

（3）顶标：罐形、锥形、球形、柱形、杆形。

2. 夜间可以根据标志的灯质来识别，海图标注的顺序。

（1）光色：白、红、绿、黄四种颜色，白光不用标记。

（2）发光节奏：周期性明暗规律，如：定光、闪光、明暗光、互闪四种基本节奏；联闪、长闪、快闪、甚快闪、超快闪、莫尔斯灯光等组合节奏。

（3）周期（s）：以相同的时间间隔，重复相同的灯光节奏。

（4）灯高（m）。

（5）射程（n mile）。

3. 其他装置图式: 如表2-3-3所列。

表2-3-3　其他装置图式

名称		中版	备注
航标	雷达反射器		不能发射和接受雷达波信号，只能有效地提高对雷达的发射强度
	雷达指向标	⊙ 雷信	有源主动，能定期发射雷达波信号
	雷达应答标	⊙ 雷康（O）	有源被动，受到雷达的探测后，发射莫尔斯雷达波

（二）侧面标志

船舶按"浮标习惯走向"航行时，应将左侧标置于本船的左舷，将右侧标置于本船的右舷。

1. 航道侧面标志特点，如图2-3-5所示。

左侧标	右侧标
形状: 罐形、柱形、杆形	锥形、柱形、杆形
颜色: 红色（R）	绿色（G）
顶标: 单个红色罐形	单个绿色锥形
光色: 红色（R）	绿色（G）

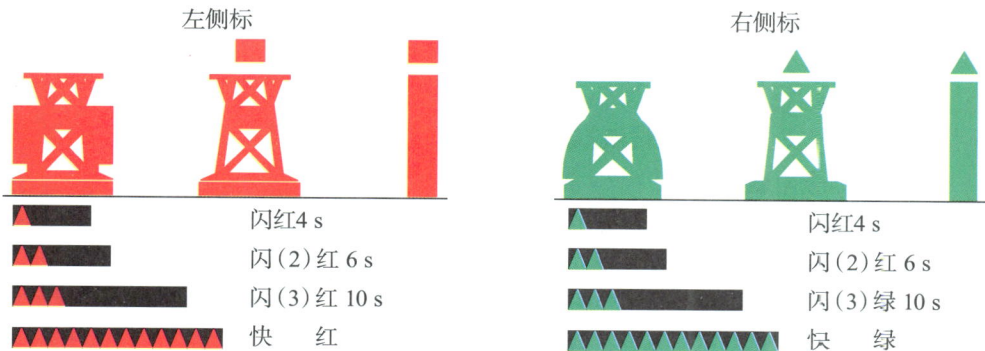

图2-3-5　侧面标志

光质: 除Fl（2+1）外任选

2. 推荐航道侧面标志特点，见表2-3-4和图2-3-6。

表2-3-4　推荐航道侧面标志特点

	推荐航道左侧标	推荐航道右侧标
形状	罐形、柱形、杆形	锥形、柱形、杆形

（续表）

	推荐航道左侧标	推荐航道右侧标
颜色	红绿红横纹	绿红绿横纹
顶标	单个红色罐形	单个绿色锥形
光色	红色（R）	绿色（G）
光质	Fl（2+1）	Fl（2+1）

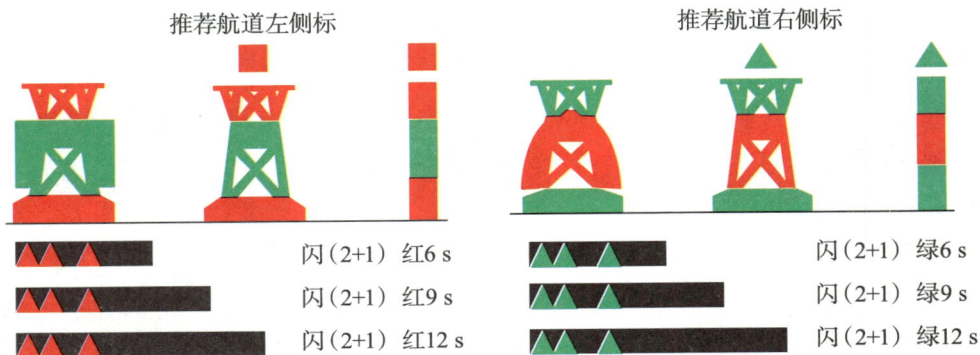

推荐航道左侧标　　　　　　　推荐航道右侧标

闪（2+1）红6 s　　　　　　闪（2+1）绿6 s
闪（2+1）红9 s　　　　　　闪（2+1）绿9 s
闪（2+1）红12 s　　　　　闪（2+1）绿12 s

图2-3-6　推荐航道侧面标志

（三）方位标志

1. 方位标志的名称：

（1）以被标志点为基准点的四个隅点方位将被标志点周围分割成北、东、南、西四个象限；

（2）方位标志以其所在象限的名称命名；

（3）方位标志的同名侧为可航水域，危险物位于其异名侧。

2. 方位标志用途：

（1）指明某区域内最深的水域在该标名称的同名一侧。

（2）指明通过某危险物的安全一侧。

（3）引起对航道中的特征的注意，如弯道、河流汇合处、分支点或浅滩两端等。

3. 方位标志的特点，见表2-3-5和图2-3-7。

表2-3-5　方位标志特点

	北方位标	东方位标	南方位标	西方位标
形状	柱形或杆形	柱形或杆形	柱形或杆形	柱形或杆形
颜色	上黑下黄横纹	黑黄黑横纹	上黄下黑横纹	黄黑黄横纹
顶标	两黑色圆锥	两黑色圆锥	两黑色圆锥	两黑色圆锥
	尖朝上	底对底	尖朝下	尖对尖

（续表）

	北方位标	东方位标	南方位标	西方位标
光色	白色	白色	白色	白色
光质	Q或VQ	Q（3），10 s或 VQ（3），5 s	Q（6）+LFl，15 s或 VQ（6）+LFl，10 s	Q（9），15 s或 VQ（9），10 s

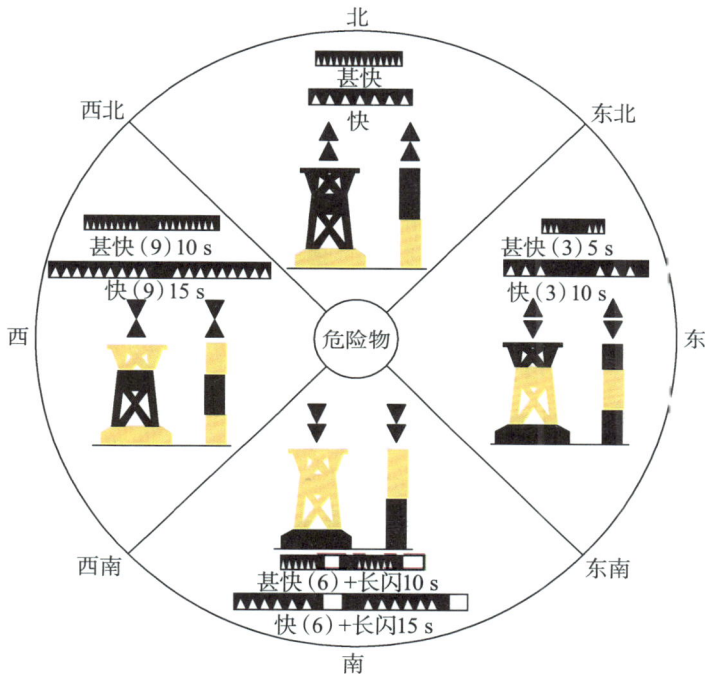

图2-3-7　方位标志

（四）孤立危险物标志

　　孤立危险物标志应设在或系在孤立危险物（图2-3-8）之上，或尽量靠近危险物的地方，标示孤立危险物所在的位置。船舶应参照有关航海资料避开该标航行。标志的特征：形状为任选，如果是浮标则使用柱形或杆形。颜色为黑色，中间有一条或多条红色横纹；顶标为上下两个黑球；光色为白色。

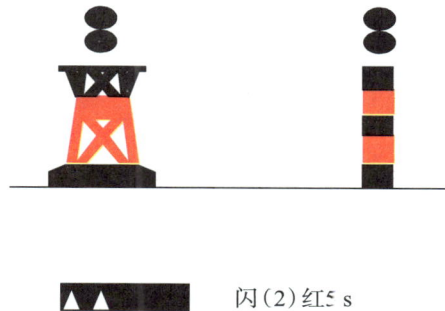

闪（2）红5 s

图2-3-8　孤立危险物

（五）安全水域标志

安全水域标志（图2-3-9）设在航道中央或航道的中线上，标示该标周围为可航水域。船舶可在其任一侧航行。标志特征：形状球形或带球形顶标的柱形或杆形浮标；颜色为红白相间竖纹；顶标为单个红球；光色为白色。

光质，Iso., Oc., LFl、摩尔斯信号"A"。

⬜⬛	等明暗4 s
⬜⬛	长闪10 s
◢⬛	莫（A）6 s

图2-3-9　安全水域

（六）专用标

1. 专用标用于标示某一特定水域或特征，如图2-3-10所示。标志特征：形状任选，不得与侧面标和安全水域标抵触；颜色为黄色；顶标为单个黄色×形；光色为黄色；光质除白色光质（方、孤、安）外任选。

2. 专用标按用途分为七类；专用标应在标体明显处设置标示其用途的标记，并应在水上任何方向观测时都能看到。具体规定见表2-3-6。

任选

图2-3-10　专用标

表2-3-6　专用标规定

标志用途	标记		灯质		
	颜色	符号形状	光色	莫尔斯信号	周期
锚地	黑色	⚓	黄色	Q — — · —	12 s
禁航区	黑色	✕	黄色	P · — — ·	12 s
海上作业	红色、白色	◥	黄色	O — — —	12 s
分道通航	黑色	←	黄色	K — · —	12 s

（续表）

标志用途	标记		灯质		
	颜色	符号形状	光色	莫尔斯信号	周期
水中构筑物	黑色	▲	黄色	C — · — ·	12 s
娱乐区	红、白	🏖	黄色	Y — · — —	12 s
水产作业	黑色	🐟	黄色	F · · — ·	12 s

我船航行在青岛港附近，发现以下四种航标（图2-3-11～2-3-14），请说出航标的名称及航行的方法。

图2-3-11

图2-3-12

图2-3-13

图2-3-14

任务四 航用海图使用及识读

任务内容

海图描绘的主要是海面区域部分，同时记载了有关的航海资料，如水深、水流、碍航物、底质、港口水道及助航设施等，它是航海人员必不可少的航海资料，而航用海图必须具备两个条件：

A：恒向线（等角航线）在图上必须是一条直线（图2-4-1）；

B：海图投影性质应是等角投影。

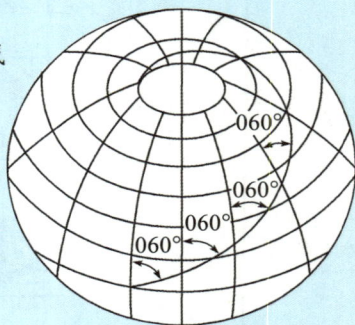

图2-4-1 恒向线示意图

一、航用海图（墨卡托海图）的认知

（一）墨卡托海图的投影性质：等角正圆柱投影（图2-4-2）

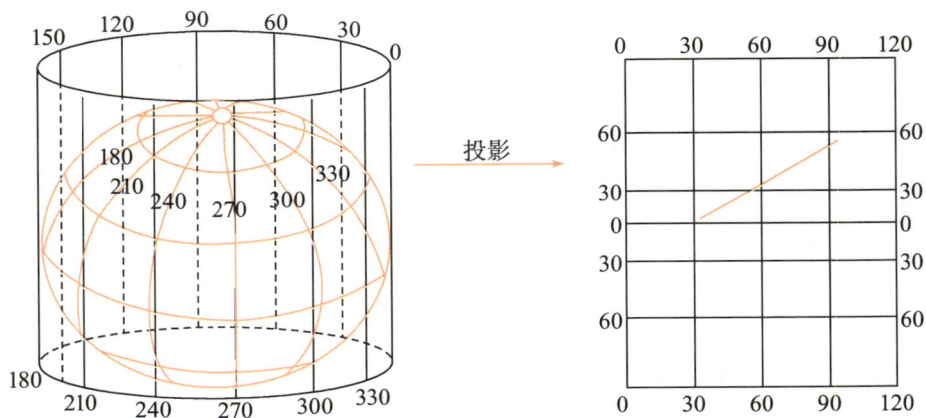

图2-4-2 等角正圆柱投影

（二）墨卡托海图的特点（图2-4-3）

1.图上的经线和纬线各自平行，二者互相垂直。

2.在同一张图上，单位经度的长度相等，而单位纬度的长度随着纬度的升高而渐长，在墨卡托海图上量距离时，必须用最靠近的纬度比例尺。

3. 具有等角投影性质，恒向线（等角航线）在图上是一条直线，满足了航用海图的需要。

4. 可以在海图上读取经纬度、方位和距离。

（三）海图比例尺

海图是根据实际地形缩小一定的倍数后绘制而成的，其缩小的倍数用比例尺表示。常见的比例尺有以下两种形式。

1. 数字比例尺：数字比例尺通常用分数或比例的形式表示。例如，图上1 cm的长度代表地面实际长度1 km，记作1:100 000。表示数字比例尺的分数越大，则比例尺越大。

2. 直线比例尺（图2-4-3）：在图上用一单位长度表示地面上的实际距离，往往画成尺度的形式。

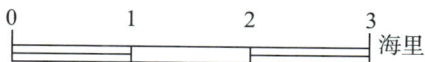

```
0          1          2          3
|----|----|----|----|----|----|----|   海里
```

图2-4-3　直线比例尺

二、海图图式的识别

（一）高程

1. 高程基准面：海图上标注的山头、岛屿及明礁等的高程起算面称为高程基准面，中版海图上高程基准面采用1985年国家高程基准面或当地平均海面。

2. 中版海图高程单位为米，高度不足10 m的，注记精度为0.1 m，高度大于10 m的，舍去小数注整米数。

3. 特殊高程：

（1）中版海图上灯塔的高度均是以平均大潮高潮面起量到光源中心的高度；

（2）中版海图上的干出高度均是以海图深度基准面向上量至顶部的高度（3 m以下的注至0.1 m，3 m以上的注至整米，小数舍去）；

（3）比高为自地物、地貌基部地面至顶部的高度；

（4）桥梁和过江电缆的净空高度均是以平均大潮高潮面起量到最低点的高度；

（5）山高高程点一般用黑色圆点表示，其他各高程用等高线描绘，附近标有高程数值，等高线越密集山峰越陡峭。

（二）海图水深

1. 海图深度基准面：它是测量海图水深的起算面。中版海图采用理论深度基准面（即理论最低潮面）。

2. 海图水深是海图深度基准面至海底的垂直深度，海图水深相等的各点连线称为等深线。水深表示方法如表2-4-1所列。

表2-4-1

序号	中版图式及说明
1	各种水深以米为单位，用阿拉伯数字表示，水深浅于21 m的注至0.1 m；水深为21～31 m的注至0.5 m；水深深于31 m的注至整米
2	104 测深点的位置在整数数字的中心

（续表）

序号	中版图式及说明
3	[10] 扫海水深
4	̄10̄ 未精测的水深
5	等深线用实线表示的为精确的等深线，用虚线表示的为不精确的等深线
6	**18** 直体水深，表示水深不精确或采自小比例尺海图资料
7	*94* 斜体水深，表示实测水深
8	·2̄0̄0̄ 未测到底的水深

（三）底质（nature of the seabed）

海底底质种类很多，如泥、砂、岩石、贝壳碎屑等。它为测深辨位、选择锚地等提供资料。在表示底质时，一般用"形容词+底质"来说明，如粗砂、软泥等。若海底上、下两层底质不同，应先注上层后注下层，如泥/砂，表示上层为泥，下层为砂。若底质为两种物质的混合底质时，先注成分多的后注成分少的，如细砂泥贝，表示细砂多于泥和贝壳碎屑的混合底质。

（四）其他重要海图图式

其他重要海图图式主要包含礁石、沉船、其他航行障碍物，海图图式见表2-4-2。

表2-4-2　其他重要海图图式

名称		中版图书	备注
礁石	明礁	⊙(3, 5) ◣(2, 6)	露出平均大潮高潮面的岩石
	干出礁	✳(2) (✳)(1)	在平均大潮高潮面以下，海图深度基准面以上的礁石
	适淹礁	✛ (✛)	在深度基准面上适淹的礁石
	暗礁	+ (+)	在海图深度基准面以下的礁石
		23 岩	
		+ (4) (+)(4)	
	水下珊瑚礁	(+ + 珊 + +)	

（续表）

名称		中版图书	备注
沉船	非危险沉船		其上水深中版大于20 m
	危险沉船		其上水深中版小于20 m
	部分露出水面的沉船		
	已知最浅深度的沉船	27 船	
	经扫海已知最浅水深的沉船	27 船	
	未精确测量沉船	27 船	
其他障碍物	浪花		
	碍锚地	碍锚地	
	深度不明障碍物	碍　碍	
	已知最浅深度的障碍物	12 碍	
其他障碍物	经扫海的障碍物	12 碍	
	渔栅		
	渔礁	（2）	
	贝类养殖场	贝	

（续表）

名称		中版图书	备注	
其他重要图式	生产平台平台、井架	◉ 南海1号		
	已知最大吃水的航道	——⟨6.5 m⟩——		
	已知最大吃水的推荐航道	------⟨6.5 m⟩------		
	深水航道	— — 深水26 m — —		
	无线电报告点	◁◁▷ ⑤		
	限制区界限	⊥⊥⊥⊥⊥⊥⊥		
	引水站	◆		

（五）海图标题栏

主要内容有出版单位徽志、地理范围、图名、比例尺、投影方法、深度和高程单位及采用的基准面、资料来源及图式版别、潮信资料及重要说明。

（六）海图图廓资料

1. 图号：印在图廓外的四个角上，中国海图图号是按照海图所属地区由北到南来编号的。

2. 图幅：印在图的右下角，在括号内给出以厘米为单位的图幅内廓尺寸，用于检验海图图纸是否伸缩变形。

3. 小改正：印在图的左下角，改正海图后，应把航海通告的年度和期数记入小改正栏内，以备核查海图改正情况。

4. 邻图索引：一般印在图的下边中间（有的海图印在图内），表示与该图相邻的图号，供查取与本图相接的海图图号用。

5. 出版和发行日期：印在图的下边中部，有该图的发行单位，出版、改版日期，从出版、改版日期可以判断该图的可靠程度。

三、海图改正

（一）航海通告的种类及改正海图的方法

航海通告由主管部门用书面或无线电的形式（即无线电航海警告）发布，分永久性通告、临时通告和预告通告三类,其改正海图的方法如下。

1. 永久性通告及改正:永久性通告是指一些较长时间内不变的情况。改正时应用不渗水的红墨水笔,将需要删除的内容用细线划去,并使之保持清晰可见,再将改正的内容按海图图式的规定填在海图的指定位置上。修改后在"小改正"栏内注明通告的年度和期数,并登记在海图改正记录簿中。当涉及改正的内容用文字不能说明时,主管部门在发布航海通告时附有贴图,修改时直接用胶水粘贴在指定的位置即可。

2. 临时通告及改正:临时通告是指一些短时间内有效的内容。在海图左下角的小改正处另起一行,用铅笔改正,过时擦掉。

3. 预告通告及改正:预报通告是指一些将要发生的情况。可用铅笔改正,等接到正式通告后,再按正式通告的方法改正。

(二)改正海图注意事项

1. 收到航海通告后要及时交船长审阅。

2. 同时收到多期通告,应从最后一期改起,以免重复。同一期通告涉及几张海图时,先修改大比例尺和常用的海图,后修改小比例尺和备用的海图,若发现位置有矛盾,应以大比例尺最新版海图为准。

3. 必须按海图图式的规定改正,并避免在航道或有关航行部分记入过多的文字和符号,以保持图面清晰。因此,对于小比例尺海图可酌情省略其中不太重要的内容。

四、海图使用与保管

(一)海图的可靠程度

1. 海图的适用性(现行版已改至最新的大比例尺海图)。

(1)将海图或海图卡片上注明的出版、新版或改版日期与最新版的《航海图书总目录》上所载明的该海图的出版日期进行比对。

(2)检查海图左下角处的小改正与海图卡片登记的应改正的通告号码是否一致。

(3)对航海图示公司出售前、后的临时通告、预告、航行警告进行查对,与航行有关的至今有效的通告内容用铅笔在海图上改正。

2. 海图测量时间和资料的来源:早/旧→技术落后、变迁。

3. 测深详尽程度:水深点排列、字体、等深线虚实、海图空白处。

4. 海图比例尺大小:比例尺大→位置准、精度高。

5. 地貌精度与航标位置:草绘岸线/等高线、山形线、浮标等移位等。

(二)海图使用的注意事项

1. 海图上的空白处,并不表示该处无危险物,仅仅说明该处没有经过测量,很可能有碍航物存在。

2. 海图作业应按《海图作业规则》的要求用软质铅笔(一般用2B型)轻画轻写,使用软质橡皮轻轻擦净,擦后不留痕迹;用分规量距离时,应斜刺海图,以免刺伤海图。本航次的海图作业应到本航次结束后方可擦去,若发生海事,应在海事处理完毕后方可擦去。

3. 海图应存放在干燥处，防止受潮变形。如果海图受潮应平放阴干，不可曝晒或火烤。

4. 海图应平放，不要折叠。若海图太大抽屉放不下，应尽量虚折，不可折死。携带海图时，应将海图面向里卷起，最好放在海图筒内，以免损坏海图。

5. 若船上的海图较多，为了使用方便，应按编号或某航线使用的先后顺序放置。或某航线使用的先后顺序放置。

任务训练

任务训练一： 说出墨卡托海图的特点。

任务训练二： 说出各类礁石的名称及定义。

任务训练三： 说出海图使用注意事项。

任务训练四： 说出常用海图图式的含义。

任务五　气象常识

任务内容

"气象""天气""气候"这三个词，我们几乎每天都会碰到。当你打开收音机、电视机或者翻开报纸，就会听到或看到天气预报的消息；当您要到某地出差，总要向别人打听一下那里的气候、天气好不好。然而，"气象""天气"和"气候"的确切含义是什么，它们有什么区别，可能有些人会将其混为一谈，认为反正都是天气呗！其实三者的含义有着较大的区别，但相互间又有密切的联系。

"气象"，用通俗的话来说，它是指发生在天空中的风、云、雨、雪、霜、露、虹、晕、闪电、打雷等一切大气的物理现象。"天气"，是指影响人类活动瞬间气象特点的综合状况；例如，我们可以说："今天天气很好，风和日丽、晴空万里；昨天天气很差，风雨交加"等，而不能把这种天气说成是气象。"气候"是指整个地球或者其中某一地区气象状况的多年综合特点。例如，昆明四季如春；长江流域的大部分地区，包括武汉，春、秋温和，盛夏炎热，冬季寒冷，我们就称这里是"四季分明的温带气候"；每年的6~7月是青岛的雨季等。

一、气象要素

环绕地球表面的整个空气层称为大气层,简称大气。表示大气物理状态的物理量(如气温、气压、湿度等)或物理现象(如风、云、雾、雨、雪、霜等)统称为气象要素。因此,要了解天气变化和气候规律,必须首先了解气象要素。

天气现象是指在大气中、地面上产生的降水、水汽凝结物(云除外)、冻结物、干质悬浮物和光、电现象。如雨、雪、冰雹、风、雾、霜、雷暴、龙卷风等都是天气现象。天气现象是气象预报的重要内容。

游艇驾驶人首先需要学到的事情之一就是天气一直在不停地变化。从没有天气完全相同的两天。即使是今天的风向与昨天完全一样,波浪和风速也肯定是不一样的。良好船艺的一个重要组成是学会识别好天气和坏天气的征兆。

(一)气温

表示空气冷热程度的物理量称为空气温度,简称气温。

气温是可以观测和度量的,定量地表示温度高低的标准称为温标。目前,我国采用摄氏温标(℃)和绝对温标(K)。当气压为1 013.25 hPa(一个标准大气压)时,摄氏温标将冰点定为0℃,沸点定为100℃。在理论研究上,常用绝对温标,其值约为–273.15℃,称为"绝对零度"。

一些欧美国家使用华氏温标(℉)。华氏温标将纯水的冰点定为32 ℉,沸点定为212 ℉,见表2-5-1。

表2-5-1　三种温标标准

温标	水的冰点	水的沸点
摄氏温标 C	0℃	100℃
绝对温标 K	273K	373K
华氏温标 F	32℉	212℉

三种温标的换算关系如下:

$$C=\frac{5}{9}(F-32)$$

$$F=\frac{9}{5}C+32$$

$$K=C+273$$

(二)气压

气压与天气有着密切的联系。当气压降低时,天气往往变坏;而当气压升高时,天气往往转好。

单位面积上大气柱的重量称为大气压强,简称气压。航海上,气压的常用单位百帕(hPa)、毫巴(mbar)等,它们之间的关系式为

$$1 \text{ hPa} = 1 \text{ mbar}$$

（三）湿度认知

湿度是表示空气中水汽含量多少或空气潮湿程度的物理量。它是决定云、雾、降水等天气现象的重要因子。通常表示大气湿度的物理量有很多，航海上常用的有以下几种。

1. 水汽压：大气中由水汽所产生的那一部分压强，称为水汽压，用符号 e 表示，常用单位为百帕、毫巴（hPa、mbar）。

2. 绝对湿度：单位体积空气中所含水汽的质量，称为绝对湿度。用符号 a 表示，常用单位是 g/m^3。它实际上就是大气中的水汽密度，直接表示空气中水汽含量的多少。

3. 相对湿度：同温度下，空气中的实际水汽压与饱和水汽压的百分比，用符号 f 表示：

$$f = \frac{e}{E} \times 100\%$$

式中，e 为实际水汽压，E 为饱和水汽压。

相对湿度的大小直接反映空气距离饱和的程度。f 越小，空气越干燥，f 越大，空气越潮湿。

4. 露点：当空气中的水汽含量不变且气压一定时，气温降低，使空气刚好达到饱和时的温度，称为露点温度，简称露点。用符号 t_d 表示，其单位与气温相同。

5. 气温与露点差：当 $t - t_d > 0$ 时，表示空气未饱和，其差值越大，表示空气距离饱和的程度越远；差值越小，表示空气距离饱和的程度越近。当 $t - t_d = 0$ 时，表示空气达到饱和状态。$t - t_d < 0$ 时，空气处于过饱和状态。

（四）能见度及等级认知

1. 水平能见度通常也称为能见度，是指视力正常的人在当时的天气条件下，白天能够从天空背景中看到和辨认出目标物轮廓和形体、夜间能够清楚地看到目标灯发光点的最大水平距离。在海面上，正常目视力所能见到的最大水平距离，称为海面能见度，以海里或千米为单位。

雾是影响海面能见度最主要的因素，其他天气现象如沙尘暴、烟、雨、雪、低云等也能使能见度变差。

2. 海面能见度的等级（表2–5–2）：根据能见距离的大小，将能见度分为0～9共10个等级。在气候资料和世界各国发布的天气报告中，通常能见度不用等级，而以能见度恶劣、不良、中等、良好、很好和极好等用语来表示。

表2-5-2 海面能见度等级表

等级	能见距离		能见度鉴定	海上可能出现的天气现象
	n mile	km		
0	<0.03	<0.05	低劣	浓雾
1	0.03~0.10	0.05~0.2		浓雾或雪暴
2	0.10~0.25	0.2~0.5		大雾或大雪
3	0.25~0.50	0.5~1	不良	雾或中雪
4	0.50~1.00	1~2		轻雾或暴雨
5	1~2	2~4	中等	小雪、大雨、轻雾
6	2~5	4~10		中雨、小雪、轻雾
7	5~11	10~20	良好	小雨、毛毛雨
8	11~27	20~50	很好	无降水
9	≥27	≥50	极好	空气透明

（五）雾的成因、分类，各种雾的特点认知

雾是在贴近地面的气层中，由悬浮的大量小水滴或小冰晶组成的混合物。雾是影响海面能见度的重要因素，一般会使水平能见度小于0.5 n mile。水平能见度在0.5~5 n mile之间的雾，称为轻雾。

雾对航海有很大的影响。据统计，引起船舶海上碰撞事故最多的海洋气象环境要素是雾，船舶在雾中航行即使备有雷达等现代化导航仪器，仍有偏航、搁浅、触礁或碰撞的危险。因此，我们需要较准确地做出雾的生消预报。

1. 雾的分类：根据雾的形成原因分为辐射雾、平流雾、锋面雾和蒸汽雾四种。

（1）辐射雾：在晴朗微风而又比较潮湿的夜间，地面以长波辐射的形式损失热量，地表温度下降，贴近地面的空气冷却降温达到饱和凝结形成的雾，称为辐射雾。

晴夜、微风、近地面层水汽充沛和大气层结稳定是形成辐射雾的主要条件。秋、冬季节，高压控制下的大陆和港湾地区风力微弱，天气晴好，特别有利于地面辐射冷却，如果低层空气中水汽多，则容易发生凝结形成辐射雾。

辐射雾范围不广，只占据局部地区，多见于峡谷、洼地、湿地或沿海地区，如遇到风向适宜，风力轻和，在沿海地区产生的辐射雾可随风缓慢地移往附近海面，但离岸很少超过10 n mile。辐射雾是典型的陆雾。

辐射雾有明显的日变化，其通常形成于夜间，日出前最浓，日出后随气温的升高而减弱消散。

（2）平流雾：暖湿空气流经冷的下垫面（水面或陆面），受到冷面的影响，近地面层空气冷却降温，水汽达到饱和凝结成的雾，称为平流雾。平流雾主要产生于海上，因此又称为海雾，是对航海影响最大的一种雾。

平流雾产生的条件：

① 冷的海面和适当的海气温差。冷的海面是形成平流雾的基本条件，水面温度梯度很大的水域是平流雾最易产生的区域。研究表明，当表层海水温度低于某个临界值时可能发生海雾，而高于此值时则不能发生海雾。在北太平洋海雾发生的区域大致限于表层水温低于20℃的冷海面上，在我国海域雾发生的区域也大致与这个水温界限相符，但黄海北部8月份的海雾可发生在低于24℃的海面上。

适当的海—气温差也是平流雾形成的必备条件之一。大量观测结果表明，长江口外海域和北海道以东洋面，海雾主要集中发生在海气温差为0~6℃时，其中2~3℃时雾出现的概率最大。当海气温差大于8℃时，一般不能形成海雾。

② 适宜的风场。据统计，有平流雾时，风力多在2~4级，这是因为风力太大时，形成强乱流，容易将上层热量向下传递，削弱低层空气的冷却作用，不易生成雾；风力太小时，形成暖平流，暖湿空气的输送量不足，不利于平流雾的形成，而且风力太小，乱流很弱，仅能使海面上很薄的一层空气冷却，即使形成雾也很薄。

我国近海产生平流雾的有利风向范围通常为S—SE—E，在黄海北部还包括NE风。

③ 充沛的水汽。当前面条件满足时，空气湿度大是形成雾的关键因子。因此，源源不断的暖湿空气水平输送，对平流雾的生成、发展与维持都是十分重要的。

④ 低层逆温层结。低层逆温层结能有效地抑制大气中对流的发展，阻挡水汽向高空扩散，使水汽和凝结核大量聚集在低层空气中，对雾的形成和维持都极为有利。

平流雾的特点：
① 浓度和厚度大；
② 水平范围广；
③ 持续时间长；
④ 日变化不明显；
⑤ 年变化明显，春夏多，秋冬少；
⑥ 随风飘移，常伴有较多的层云。

消散条件：

平流雾的生成和维持是依赖于一定条件的，一旦这些条件发生逆转或破坏而不复存在时，雾即趋于消散。平流雾向消散方向转化的条件有两个：一是风场改变，造成暖湿空气水平输送中断，例如冷锋过境或风向较大角度的转变；二是低层空气增温或风速增大或减小很多，破坏了近地面层大气稳定状态。

（3）锋面雾：从锋面以上暖气团里下降的雨滴穿过锋面落到冷空气团里，如果雨滴温度远高于周围的冷空气，雨滴便不断蒸发，水汽进入锋面以下的冷空气里，使近地面层的空气达到饱和而形成的雾，称为锋面雾。这种雾是与锋面降水同时发生的，又可称为雨雾或降水雾。

（4）蒸汽雾：冷空气流经暖水面时，由于水温高于气温，水面不断蒸发，水汽进入低层空气，使贴近水面的低层空气达到饱和而形成的雾，看起来犹如水面冒热气，故称为蒸汽雾。

2. 中国近海雾的分布特点有以下几方面。

（1）黄、渤海：黄、渤海海区雾的分布很广，黄海多于渤海，渤海西部最少，黄海中部最多。雾区多呈带状沿海岸分布，在雾区北缘和沿岸附近，由于风向和风速短时间的变化，使雾时生时消，在岛屿较多的海区，由于海岛的屏障作用，海雾分布零乱，岛屿之间可能出现无雾水域。黄渤海3～7月份为雾季，海雾开始出现于3月，有时2月份也会出现，以后逐渐增多，6～7月份最多。年平均雾日渤海为20～24天，黄海北部和南部为30～50天，黄海中部为60～80天，成山头附近海面平均可达76天，曾有持续25天大雾的记录，素有"雾窟"之称。

（2）东海：东海海雾日数比黄海偏少，分布于西部和西北部。浙闽沿岸一年四季都有雾出现，但以3～6月较多，海雾日数占全年70%以上。舟山群岛是东海著名雾区，海雾持续时间较长，2月份就开始有海雾出现，3月增多，4～5月频率最高，6月开始减少。东海能见度在冬季和春季较差，夏季和秋季较好。能见度最差的海区是西部沿岸和西北部。西北部3～6月低能见度频率达10%以上，东部5～6月能见度较差，低能见度频率为7%～10%，东海中部能见度较好，低能见度频率各月均在5%以下。我国台湾岛东北面低能见度频率高于5%，主要是受降水影响。我国台湾海峡西部低能见度主要出现在3～5月，这期间海雾的出现频率较高。海峡东部由于受台湾暖流影响，少雾而多晴天，能见度较好。

（3）南海：南海雾主要出现在北部沿海地区，中部和南部地区很少出现。12月至次年5月为雾季，3月为盛期。海雾呈东西向带状分布在北部沿海约2个纬度范围的区域。在这条雾带上有4个多雾中心，分别是汕头、珠江口、湛江及北部湾西北部，它们的年雾日都在2天以上。7～11月很少有雾出现。海雾有由南向北和自西向东推移的规律。12月份海雾主要出现在海南岛北部。1月份湛江港和北部湾海雾明显增加，到2月份湛江港和北部湾已成为多雾中心，同时它们以东的海区海雾也明显增加。3月份珠江口成为多雾中心。4月份多雾中心移到汕头海区，珠江口以西海雾已明显减少。5月份海雾主要出现在汕头海区，珠江口以西很少出现。

综上所述，中国近海雾主要呈现以下三大特点：

① 南窄北宽；

② 南少北多；

③ 南早北晚。

二、风与气团的基本概念

(一)风的基本概念

大气相对地球总是不停地运动,其主要运动方式包括水平运动、垂直运动、有规则环流运动和无规则的湍流运动。我们把空气相对于地面的水平运动称为风。

风是矢量,既有大小又有方向,分别用风速和风向来表示。

1. 风向:风向是指风的来向。船员常用16方位法和360°圆周法来表示风向。

(1)16方位法:以测点为中心,从北开始,把整个圆周分为16等分,如图2-5-1所示。

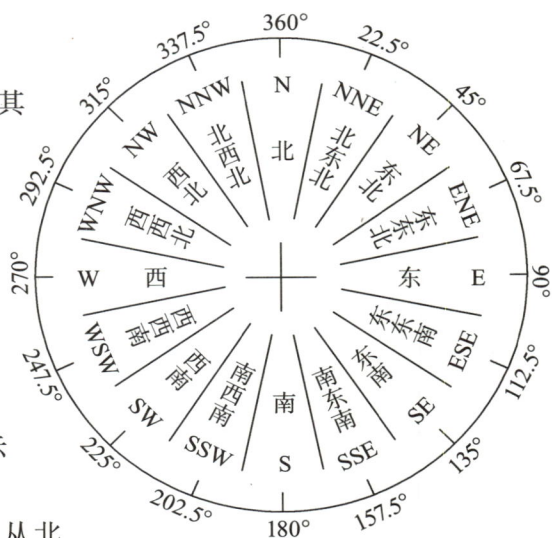

图2-5-1　16方位示意图

(2)圆周法:风向用度数表示,以测点为中心,从正北000°开始,顺时针分成360等分,正东为90°,正南为180°,正西为270°。

2. 风速:单位时间内空气在水平方向上移动的距离,称为风速。常用单位:米/秒(m/s)、节(kn)和千米/小时(km/h),其换算关系如下:

1 m/s=3.6 km/h; 1 km/h=0.28 m/s; 1 kn≈0.5 m/s; 1 kn=1.852 km/h

日常生活和实际工作中,习惯用风力表示风的大小。根据风对地面或海面的影响程度确定了不同的风力等级。目前,国际上采用的风力等级是英国人蒲福于1905年拟定的,故又称"蒲氏风级",从0~12级共13个等级。自1946年以后,风力等级又有修改,并增加到18个等级,即0~17级,如表2-5-3所列。

表2-5-3　风力等级表

风力等级	风名	相当风速			海面状况	海面征象	海面浪高(m)	
		kn	m/s	中数(m/s)			一般	最高
0	无风	<1	0.0~0.2	0	平如镜子	海面像镜子一样平静	—	—
1	软风	1~3	0.3~1.5	1	微波	海面有波纹,但没有白色波顶	0.1	0.1
2	轻风	4~6	1.6~3.3	2	小波	波浪纹虽小,但已明显,波顶透明像玻璃,但不破碎	0.2	0.3

（续表）

风力等级	风名	相当风速			海面状况	海面征象	海面浪高（m）	
		kn	m/s	中数（m/s）			一般	最高
3	微风	7~10	3.4~5.4	4	小浪	波较大，波顶开始分裂，泡沫有光，间或见到白色波浪	0.3	1.0
4	和风	11~16	5.5~7.9	7	轻浪	小浪，波长较大，往前卷的白碎浪较多，有间断的呼啸声	1.0	1.5
5	清风	17~21	8.0~10.7	9	中浪	中浪，波浪相当大，白碎浪很多，呼啸声不断，间有浪花溅起	2.0	2.5
6	强风	22~27	10.8~13.8	12	大浪	开始成大浪，波浪泡沫飞布海面，呼啸声大作（可能有少数浪花溅起）	3.0	4.0
7	疾风	28~33	13.9~17.1	16	巨浪	海面由波浪堆积而成，碎浪的白泡沫开始呈纤维状，随风吹散，飞过几个波顶	4.0	5.5
8	大风	34~40	17.2~20.7	19	狂浪	中高浪，波长更大，随风吹起纤维状浪更明显，呼啸声更大	5.5	7.5
9	烈风	41~47	20.8~24.4	23	狂涛	高浪，泡沫纤维更加浓密，海浪翻卷，泡沫可能影响能见度	7.0	10.0
10	狂风	48~55	24.5~28.4	26		大高浪，波浪成长性突出，纤维状泡沫更加浓厚，并呈片状，海浪颠簸好像槌击，浪花飞起带白色，能见度受影响	9.0	12.5
11	暴风	56~63	28.5~32.6	31	非凡现象	特高浪，中小型船有时被浪所蔽，波顶边缘被风吹成泡沫，能见度大减	11.5	16.0
12	飓风	64~71	32.7~36.9	35		空气中充满泡沫和浪花，海面因浪花飞起成白色状态，能见度剧烈降低	14.0	—
13		72~80	37.0~41.4	39.2				
14		81~89	41.5~46.1	43.8				

（续表）

风力等级	风名	相当风速			海面状况	海面征象	海面浪高（m）	
		kn	m/s	中数（m/s）			一般	最高
15		90～99	46.2～50.9	48.6				
16		100～108	51.0～56.0	53.5				
17		109～118	56.1～61.2	58.7				

3. 中国近海的季风：我国近海季风显著，每年9～10月至次年3～4月，干冷的冬季季风从西伯利亚和蒙古高原南下，向南方逐渐减弱，造成我国冬季盛吹西北—东北季风，风向较稳定，风力较强。自北向南风向有由西北向东北顺转之趋势，即渤海、黄海多西北风和北风，东海主要是偏北风和东北风，南海多东北风。

每年4～9月，盛吹西南—东南季风，风力较弱，风向也不如冬季季风稳定。渤海、黄海及中东海北部为东南季风，东海南部及南海为西南季风。

每年春秋季为季风过渡时期，盛行风不稳定，风向较紊乱。

总的说来，年平均风力达到8级或8级以上大风的日数在东海沿岸最多，黄海、渤海沿岸次之，南海沿岸最少。此外，我国台湾海峡大风较多。秋末和冬季我国近海风力较大，大风出现频率在一年中最高。春季是渤海、黄海海区平均风力最大的季节，东海北部风力也较大，但次于冬季。夏季，近海盛行风的风力比冬季小得多，但是当热带气旋侵袭时风力很强。

4. 海陆风：在海岸附近，白天风由海洋吹向陆地，夜间风从陆地吹向海洋，这种随着昼夜交替而有规律变化的风，称为海陆风。由海洋吹向陆地的风，称为海风（向岸风）；由陆地吹向海洋的风，称为陆风（离岸风）。

在白天，陆面增温比海面快，气压梯度自海面指向陆地，空气从海上吹向岸边，会产生向岸风，这时地面上的风就是海风。向岸风是由海上较重的冷空气推动陆地较轻的热空气造成的。随着陆地温度的升高，向岸风会明显变强。

夜晚陆面冷却比海面快，风从陆地吹向海洋，这时地面上的风就是陆风。离岸风受当地地形特征的影响。站在岸边观察海面，离岸风看起来比实际的规模要小，这是因为你看到的是它吹起波浪的背面。如果身处海里观察，你会发现风力比你想象的要大得多。

海风和陆风的转换时间，随地形特点及天气条件而定，一般在日出和日落时为转变时间。海风始于8～11时（地方时），到13～14时最强，16时后逐渐减弱，20时以后就转为陆风。如果早晨阴天，海风出现的时间就要延迟，有时12时左右才出现。初生时风向约与海岸垂直，而后历时越久，范围越大，受地转偏向力的影响也增大，使风向与海岸偏角增大。如我国东海岸海风白天初生时多为东风，至下午变成东南风或南风；夜间陆风初生时多为西风，子夜后变成西北风或北风。

（二）气团基本概念

气团是指在水平方向上物理属性（主要指温度、湿度和稳定度等）相对比较均匀的大范围空气团。其水平尺度可达到几百至几千千米，垂直尺度几到十几千米。

1.气团形成需要具备两个条件：

（1）具备大范围性质比较均匀的下垫面，如海洋、沙漠、冰雪覆盖的大陆和极区等都可成为气团形成的源地；

（2）具备适当的流场条件，使大范围空气能较长时间停留在均匀的下垫面上，空气能有充分时间与下垫面进行热量和水汽的交换，取得与下垫面相近的物理特性。

2.气团的分类：

（1）按形成的位置分，则有冰洋气团、极地气团、热带气团、赤道气团四大类。由于源地地表性质不同，又将每种气团（赤道气团除外）分为海洋性和大陆性两种，这样，总共分为七种气团。

（2）按热力性质分类，则可分为冷气团和暖气团。如果气团温度低于流经地区下垫面温度的叫冷气团；相反，如果气团温度高于流经地区下垫面温度的叫暖气团。另外，两气团相遇时，温度相对较高的称暖气团，温度相对较低的称冷气团。

3.影响我国天气的气团：我国大部分地区处于中纬度，冷、暖气流交换频繁，缺少气团形成的环流条件。同时，地表性质复杂，不具备大范围物理属性均匀的下垫面作为气团源地。因此，活动在我国境内的气团，大多属于外来的变性气团，其中最主要的是变性的极地大陆气团和变性的热带海洋气团。

冬半年我国主要受变性的极地大陆气团影响，来自西伯利亚和蒙古的冷空气控制我国大部地区，其气候特点是干燥、晴朗、低温、多偏北风、少雨雪。

夏半年我国沿海主要受变性热带海洋气团影响，其气候特点是炎热、潮湿、偏南风、多降雨。

春季，变性的极地大陆气团和热带海洋气团两者势力相当，互有进退，因此是锋面及气旋活动最频繁的时期。

秋季，变性的极地大陆气团逐渐占主要地位，变性的热带海洋气团退居东南海上，我国东部地区在单一的气团控制下，出现全年最宜人的秋高气爽的天气。

三、气旋和反气旋

（一）气旋的认知

在北半球，空气沿逆时针（南半球则为顺时针）方向向中心辐合的大型空气涡旋称为气旋，在气压上则表现为中心气压比四周低的低压系统。气旋是从流场角度来定义，而低压则是从气压场的角度来定义，除赤道低纬地区以外，两个名称可以互相换用。

通常气旋的强度以气旋中心气压值来表示。中心气压值越低，表示气旋越强。另外，气旋的强弱也可以用其中心最大风速和影响范围来表示，最大风速越大表示气旋越强，最大风速越小表示气旋越弱。实际上，在气旋区中风速与水平气压梯度相适应，气旋中心气压越低，水平气压梯度越大，风速也就越大。

一般气旋区内，气压梯度大，地面风速大，辐合上升气流强，多伴随多云和降水天气。

根据气旋形成和活动的地理区域，将气旋分为热带气旋、温带气旋和极地气旋性涡旋。根据气旋的热力结构，将气旋分为锋面气旋和无锋面气旋。台风属于热带气旋、无锋面气旋。

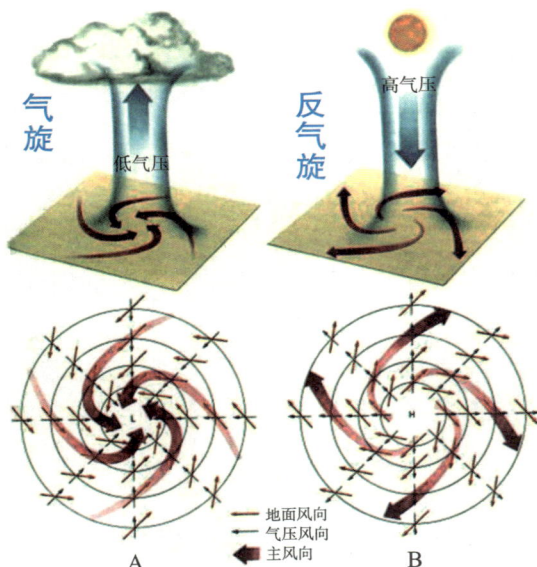

图2-5-2　气旋、反气旋示意图

（二）反气旋

反气旋的空气运动模式与气旋相反，在北半球，空气沿顺时针（南半球则为逆时针）方向由中心向四周辐散的大型空气涡旋称为气旋，在气压上则表现为中心气压比四周高的高压系统。反气旋是从流场角度来定义，而高压则是从气压场的角度来定义。

冬季活动于我国境内的温带反气旋属于冷性反气旋，习惯上称为冷高压，像西伯利亚高压。

根据冷高压控制地区的不同天气特征，通常可将冷高压分为前部、中部和后部三个天气区。

1. 冷高压前部（东部）：主要天气特征是气温明显下降，吹偏北大风，并常伴有雨雪。降温幅度和风力大小主要随冷高压强度、路径和季节的不同而有所差异。冬半年，寒潮或强冷空气带来的天气最为剧烈。

2. 冷高压中部（内部）：由于内部气团干冷，盛行下沉气流，天气以晴朗、低温、微风、少云天气为主。在内陆、港口和沿海附近容易出现辐射雾、烟、霾等天气现象。

3. 冷高压后部（西部）：盛行偏南风，气温回升，湿度增大。春季，当亚洲冷高压中心入海后，我国沿海地区常出现平流雾、毛毛雨等天气。

（三）龙卷风概念及特征

龙卷俗称龙卷风，是产生在对流发展旺盛的积雨云或浓积云中的强烈涡旋。从外观看是从云底盘旋下垂的一个漏斗状云体，当它一旦伸及地面或水面时，就会形成范围很小但是破坏力极大的强烈旋风，一般在陆面上出现的称陆龙卷风（图2-5-3），在水面上出现的称水龙卷风（图2-5-4）。

图2-5-3　陆龙卷风

图2-5-4　水龙卷风

龙卷风的主要特征如下。

1. 双层结构：龙卷通常分为内外两层，内层是漏斗状云体，外层涡旋则是由龙卷从地面上卷起的沙土、杂物和水柱组成。龙卷移过时的巨大响声，主要就是外层中这些物质在高速旋转时急剧摩擦产生的。

2. 范围很小：龙卷的水平直径一般均小于1 000 m。由于陆面上对流运动总是比海上要强一些，因此陆龙卷的强度和水平范围比水龙卷都要大。

3. 气压极低：由于龙卷做高速旋转时，内部的空气分子受强烈的离心作用力向外飞逸，因此龙卷内的空气密度极小，中心气压可以低至400 hPa以下。

4. 风速极大：由于龙卷的水平直径很小，中心气压极低，因此在龙卷内的空气梯度极大，风速极大。估计大约距龙卷中心数十米处风力最大，一般可达100 m/s，甚至可以超过175 m/s。

5. 直线运动：由于龙卷的移动速度极快（平均移动速度30 kn左右）。出现时间极短（一般仅几秒钟，最长不过几十分钟）。所以观测到的龙卷，移动路径几乎都是成直线前进的。

6. 破坏力强：龙卷的破坏力主要是由极低的气压和极大的风压所造成的。龙卷中心气压与外界的正常气压之间差值可达800 hPa，它所产生的风压可达每平方米2 t。因此一般的建筑物和树木都可被摧毁殆尽。

在全年任何一天，任何时刻均可能发生龙卷风，但陆龙卷风多出现在春夏季，最大值出现在傍晚。

（四）热带气旋的等级和名称

热带气旋是发生在热带或副热带洋面上的一种发展强烈的暖性气旋性涡旋，是对流层中最强大的风暴，被称为"风暴之王"。

1. 热带气旋的等级标准：国际上根据热带气旋中心附近最大平均风速对其进行分级。1989年世界气象组织规定，按照热带气旋中心附近平均最大风力的大小，把热带气旋划分成以下几个等级：

热带低压（Tropical Depression, TD）：风速22~33 kn、风力6~7级；

热带风暴（Tropical Storm, TS）：风速34～47 kn、风力8～9级；

强热带风暴（Severe Tropical Storm, STS）：风速48～63 kn、风力10～11级；

台风（Typhoon, T）或飓风（Hurricane, H）：风速≥64 kn、风力≥12级。

2. 热带气旋的编号：我国国家气象中心将发生在经度180°以西、赤道以北的西北太平洋和南海海面上出现的中心附近最大平均风力达到8级或以上的热带气旋，从每年1月1日起按照其出现的先后次序进行编号。编号用四个数码，前两个数码表示年份的末两位，后两个数码表示在该年出现的先后次序。如果在同一天内上述海域中有两个或两个以上热带气旋生成，则按"先西后东"（经度读数由小到大）的顺序编号；如果在同一天内同一经度上有多个热带气旋产生，则按"先北后南"的原则（纬度读数由大到小）分别编号。例如，2017年出现的第6个达到编号标准的热带气旋应编为"1706"。

3. 热带气旋的命名：亚太地区的14个国家和地区各提出10个名字，共140个名字，并排序。从2000年1月1日起，对发生在经度180°以西、赤道以北的西北太平洋和南海海面上的中心附近的最大风力达到8级或8级以上的热带气旋统一从这140个名字中连续循环使用。

如果某个热带气旋给台风委员会成员国造成了特别严重的损失，该成员国可申请对该热带气旋的名字不再循环使用，以便在台风气象灾害史上作为标志性的事件永久记录。同时，该成员国须提出新名字进行更新。

（五）台风结构（图2-5-5）及其天气特征，游艇防台风措施认知

台风多呈圆形对称分布，圆形涡旋的直径一般为600～800 km，个别可达1 000 km。

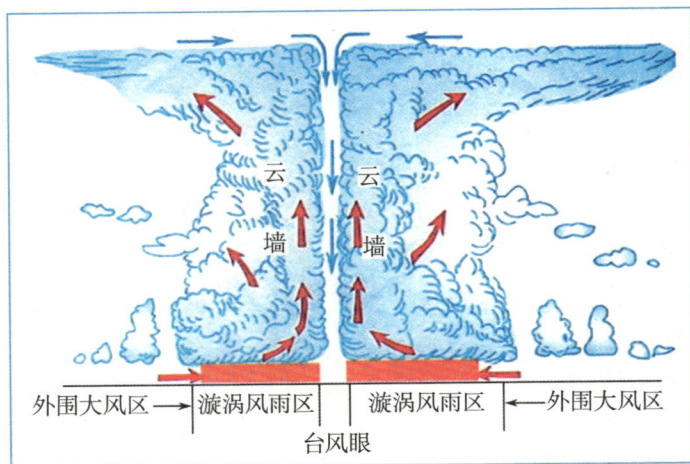

图2-5-5　台风结构图

台风按风速大小通常可分为外围区、涡旋区和眼区三个区域。

外围区：自台风边缘向里风速逐渐增大，风力一般在8级以下，呈阵性。

涡旋区：风力在8级以上，越往中心风力越大，其宽度较窄，通常与围绕眼区的云

墙区相重合。

眼区：风速向中心迅速减小到3～4级，有时近乎是静风。

1. 台风的天气特征：台风所伴随的天气主要有大风、暴雨、巨浪及在海湾引起的风暴潮，它们往往带来巨大的灾害。气象要素多呈圆形对称分布，大体分为以下三个区域。

（1）外围区，一般宽200～300 km。气温向中心逐渐升高，气压向中心逐渐下降，风速向里逐渐增大，自中心传出涌浪，且风浪向中心逐渐增大，伴有阵性降水，强度向中心增大。

（2）涡旋区，自最大风速区外缘到台风眼壁，一般宽10～100 km不等。温度向中心迅速升高，气压呈漏斗状急速下降，梯度大，等压线特别密集，风速达到最大，在眼壁附近，强台风最大风速可达70 m/s以上。有庞大的云墙，伴随雷鸣电闪，暴雨倾盆，恶浪滔天，昏天黑地。最强烈的对流和狂风暴雨就发生在这里。

（3）眼区，一般半径为5～30 km。温度达到最高，形成暖中心，气压降至最低，风速突降至4级以下，降水突然停止，晴天少云。但这里会出现三角浪或金字塔式浪，海况十分恶劣。

2. 南海热带风暴概况：南海每年平均出现达到热带风暴强度的热带气旋9个，约占西北太平洋总数的1/3，相当于北大西洋出现的总数。

南海热带气旋全年各月均可发生，其中8～9月最多，约占总数的45%，1～3月极少。

南海热带气旋发展迅速、移动快、生命史短、破坏力大。在南海有时会出现一种范围小而强的热带气旋，俗称"豆台风"，有时连闭合等压线都分析不出来，只有台风涡旋环流。这种小而强的台风若不注意，同样可以带来巨大的损失。

3. 台风预警信号（图2-5-6）：我国台风预警信号分四级，按强度等级由弱到强依次为蓝色、黄色、橙色、红色。

（1）台风蓝色预警信号表示24小时内可能或者已经受热带气旋影响，沿海或者陆地平均风力达6级以上，或者阵风8级以上并可能持续。

（2）台风黄色预警信号表示24小时日内可能或者已经受热带气旋影响，沿海或者陆地平均风力达8级以上，或者阵风10级以上并可能持续。

（3）台风橙色预警信号表示12小时内可能或者已经受热带气旋影响，沿海或者陆地平均风力达10级以上，或者阵风12级以上并可能持续。

（4）台风红色预警信号表示6小

图2-5-6　台风预警信号

时内可能或者已经受热带气旋影响,沿海或者陆地平均风力达12级以上,或者阵风达14级以上并可能持续。

4. 游艇防、抗台风措施。

(1)危险半圆和可航半圆:沿着台风中心运动的方向,可以把台风分成两个半圆。在北半球,其右边半圆称为"危险半圆",左边半圆称为"可航半圆"。当然"危险半圆"与"可航半圆"只是相对而言的。利用风向的变化,可以简便地判断出船舶处在台风中的哪一个半圆。

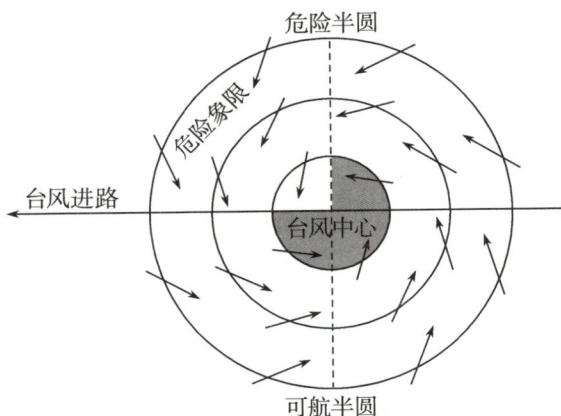

图2-5-7 台风区危险半圆和可航半圆示意图

(2)防抗措施:

① 注意收听天气预报,若航行海区有热带风暴活动时,应避免外出;

② 海上航行时,如果收到附近海域有热带风暴活动的预报,尽早选择就近的港口避风;

③ 如果进入台风影响区域,除确保各舱室水密外,按下述航法迅速远离台风中心。a. 若船艇误入危险半圆,应使右舷船首顶风全速驶离,保持风从右舷10°~45°来,直至离开危险区域为止;b. 若船艇位于可航半圆,则应以右舷船尾受风脱离,保持受风角为30°~40°,直至离开危险区域为止;c. 若因风浪过猛或其他原因无法向前航行时,应采取滞航的办法来操纵船舶,这样,随着热带气旋的移动就会逐渐脱离其控制。

四、天气预报的内容、灾害性天气预报的识读

游艇出航之前或在航行中,驾驶人员应时刻关注航区内的天气变化,预测航行中是否会遇到风暴、浓雾、雨雪等恶劣天气,并掌握这些天气给游艇航行安全可能带来的危害和应采取的应对措施。

(一)天气预报的内容

天气预报的内容,包括天气形势预报和气象要素预报。天气形势预报是对天气系统(高压、低压、槽脊、锋面等等)的移向、移速、强度变化和生成、消亡的预报。气象要素预报是对风向、风力、降水、气温、气压、能见度等气象要素和天气现象的预报。

预报时效包括短时预报、短期预报、中期预报和长期预报。通常称时效在几个小时内的预报为短时预报；时效1~3天的预报为短期预报；时效为3~10天的预报为中期预报；时效10天以上的月、季、年预报为长期预报；一年以上的预报称为超长期预报。

（二）灾害性天气预报

灾害性天气是对人民生命财产有严重威胁，对工农业和交通运输造成重大损失的天气。灾害性天气有台风、暴雨、高温、寒潮、大雾、雷雨大风、狂风、尘暴、冰雹、雪灾和道路积水等11类，可发生在不同季节，一般具有突发性。

1. 发布：根据灾害性天气的种类、强度和影响该地区的迟早及预报把握程度大致分为公开发布和内部发布两种，发布名称分为以下几种。

（1）消息：灾害性天气远离或尚未影响到该地区或预计危害性一般时，根据需要可以发布"消息"，报道灾害性天气情况，警报解除也可以用"消息"形式报道或发布。

（2）警报：预计未来48小时内灾害性天气将袭击或影响本地区或海面，且影响较大时，发布"警报"。

（3）紧急警报：预计未来24小时内灾害性天气将袭击本地区或海面，且危害性大的，发布"紧急警报"。

2. 预防：

（1）发布突发性天气的前期预报；

（2）利用自动气象站、雷达、卫星等现代观测手段，在时空尺度上建立加密观测网系统；

（3）各级气象部门建立相关应急预案，当突发性天气来临时，运用先进的电信手段（如：移动电话）和传媒（如广播、电视）及时发布气象信息；

（4）积极宣传预防突发气象灾害的有关知识。

五、常用天气谚语认知

天气谚语（表2-5-4）是老百姓在日常生活中观察总结出来的比较简练的话语。

表2-5-4 天气谚语表

看云识天气	看风识天气
天上钩钩云，地上雨淋淋	久晴西风雨，久雨西风晴
天有城堡云，地上雷雨临	日落西风住，不住刮倒树
天上扫帚云，三天雨降临	常刮西北风，近日天气晴
早晨棉絮云，午后必雨淋	半夜东风起，明日好天气
早晨东云长，有雨不过晌	雨后刮东风，未来雨不停
早晨云挡坝，三天有雨下	南风吹到底，北风来还礼
早晨浮云走，午后晒死狗	南风怕日落，北风怕天明
早雨一日晴，晚雨到天明	南风多雾露，北风多寒霜

(续表)

看云识天气	看风识天气	
今晚花花云，明天晒死人	夜夜刮大风，雨雪不相逢	
空中鱼鳞天，不雨也疯颠	南风若过三，不下就阴天	
天上豆荚云，不久雨将临	风头一个帆，雨后变晴天	
天上铁砧云，很快大雨淋	晌午不止风，刮到点上灯	
老云结了驾，不阴也要下	无风现长浪，不久风必狂	
云吃雾有雨，雾吃云好天	无风起横浪，三天台风降	
云吃火有雨，火吃云晴天	大风怕日落，久雨起风晴	
乌云接日头，半夜雨不愁	东风不过晌，过晌嗡嗡响	
乌云脚底白，定有大雨来	雨后东风大，来日雨还下	
低云不见走，落雨在不久	雹来顺风走，顶风就扭头	
西北恶云长，冰雹在后晌	春天刮风多，秋天下雨多	
暴热黑云起，雹子要落地		
黑云起了烟，雹子在当天		
黑黄云滚翻，冰雹在眼前		
满天水上波，有雨跑不脱		

任务六 游艇航行基本要领

任务内容

一、航线的拟定和选择

（一）拟定航线的基本原则

拟定航线的基本原则是安全、经济可靠，即在保证船舶安全的前提下，尽量选择航程最短、航行时间最少的最佳航线。

（二）拟定航线时应考虑的主要因素

航经海区的水文气象情况主要应考虑以下内容。

1. 低气压的进路。在低气压的进路上往往出现恶劣的天气现象，尤其是热带气旋对船舶安全航行威胁最大，应尽量避开它。

2. 雾、雨、雪、风(包含盛行风、季节风)、海浪和水流(近海航行主要受风海流影响较大,而沿岸航行主要受潮流的影响)。

(三)危险物

沿岸航行时危险物较多,拟定的航线应保证距离危险物有足够的安全距离,在最有利的条件下,与危险物的距离不应少于1 n mile。

(四)转向与避让

接近沿岸航行时的转向点周围要清爽,定位条件要好,沿岸航行,岛屿多、障碍物多、通航密度大、渔船多、流速流向多变、航行环境复杂,除非必需,航线选择距岸、距障碍物距离不要太近,转向点距参照物不宜太近,以防在转向或避让中因余地太小而发生意外。

(五)本船条件

本船条件主要应考虑如下几个方面:本船的结构和强度、吃水、航速、吨位、旅客情况以及船员的情况(包括船员的素质和技术状况)。

(六)尽量避开航行受限制的区域

航线应避开下列区域:军事训练区、禁航区、避航区、倾倒区(尤其是爆炸物倾倒区)、水雷区以及海上油田区。

(七)航线拟定的步骤

1. 备妥、改正本航线所需的航海图书资料。

2. 认真分析、研究有关的航海图书资料,充分了解海区的详细情况。

3. 据航海图书资料和航行经验在海图上选定安全经济的航线。做法如下。

(1)先在总图上画出粗略的计划航线;

(2)在航行图上画出各分段的计划航线,并标出计划航向和航程;

(3)将海图按航行使用的先后顺序放入海图桌内。

二、通过重要航段或转向点时机的选择

根据推算航速计算的通过重要航段或转向点的时间,有可能不符合安全的要求,如中心渔场或珊瑚礁区最好选择白天通过。因此,选择通过重要航段或转向点时机时应考虑:离危险物距离远近、定位条件、来往船舶的多少、潮流是否复杂、水深是否足够、能见度好坏、昼还是夜等。

三、航海基础知识认知

(一)地球形状

航海上要研究坐标、方向和距离等航海基本问题,在不同场合,根据不同的精度要求,往往将大地球体看作不同的近似体。

1. 第一近似体——地球圆球体:航海上为了计算上的简便,在精度要求不高的情况下,常将大地球体当作地球圆球体。

2. 第二近似体——地球椭圆体:在大地测量学、海图学和需要较为准确的航海计算中,常将大地球体当作两极略扁的地球椭圆体。

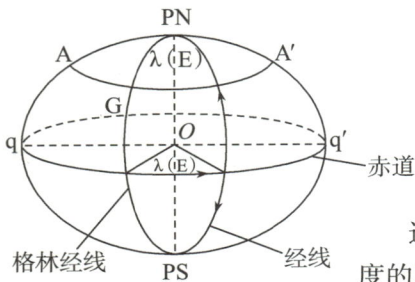

图2-6-1　地理经度

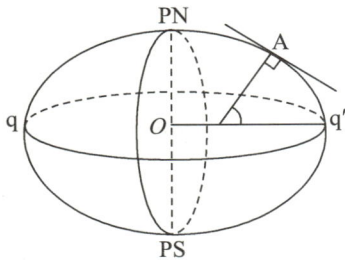

图2-6-2　地理纬度

（二）地理坐标

地球表面任何一点的位置，可以用地理坐标表示，即地理经度和地理纬度。

1. 地理经度简称经度（图2-6-1），地面上某点的地理经度为格林经线与该点子午线在赤道上所夹的劣弧长，用λ或Long表示。某点地理经度的度量方法为：自格林子午线起算，向东或向西度量到该点子午线，由0°到180°计量。向东度量的称为东经，用E标示；向西度量的称为西经，用W标示。如经度为116°28′.2E。

2. 地理纬度简称纬度（图2-6-2），地球椭圆子午线上某点的法线与赤道面的夹角称为该点的地理纬度，用φ或Lat表示。某点地理纬度的度量方法为：自赤道起算，向北或向南度量到该点所在纬度圈，由0°到90°计量。向北度量的称为北纬，用N标示；向南度量的为南纬，用S标示。如纬度为39°54′.2N。

（三）单位

1. 海里（nautical mile, n mile）：

（1）海里的定义：它等于地球椭圆子午线上纬度1′所对应的弧长。

（2）1 n mile的实际长度是变化的，随纬度升高而变大，在赤道上最短，为1 842.9 m，在两极最长，达1 861.6 m，约在纬度44°14′处，1 n mile的长度等于1 852 m。

（3）我国采用1海里的标准长度为1 852 m，计程仪也是按照1 n mile=1 852 m记录航程的。海里用"n mile"表示，习惯上可用"′"表示。

2. 链（cable, cab）：链是用来测量较近距离的单位，1链为1 n mile的1/10，即1链=185.2 m。

3. 米（meter）：国际上通用的长度度量单位。航海上用来表示海图里的山高和水深，有时也用来度量距离。

4. 拓（fathom）、英尺（foot, ft）和码（yard, yd）：旧英版海图上用英尺和拓表示水深，山高以英尺表示，用海里、码和英尺来度量距离。1拓=1.829 m或6 ft、1 yd=0.914 4 m或3 ft、1 ft=0.304 8 m。

5. 速度单位：

（1）节（knot, kn）：航海上计算航速的单位。1 kn等于1 n mile/h。航海上流速也用节来表示。

（2）m/s常用来表示风速。

6. 角度单位：航海上常用的角度单位为六十等分制。一圆周为360°，1°=60′，1′=60″。

（四）航速、航程

1. 航速：

（1）船速（不计风流）：船舶在静水中的速度（V_E）；

（2）对水航速（计风不计流）：船舶对海水运动的速度称为对水航速（V_L）；

（3）实际航速（计风计流）：船舶相对于地（海底）的速度，又称对地航速（V_G）。

从以上定义可知，船舶在有水流影响的海区航行时，船舶的实际航速应等于船舶相对于水的速度与水流速度的矢量和，即

$$\overrightarrow{实际航速} = \overrightarrow{对水航速} + \overrightarrow{流速}$$

2. 航程：

（1）对水航程（计风不计流）：船舶相对于海水的航行距离（S_L）；

（2）对地航程（计风计流）：船舶相对地（海底）的航行距离，又称实际航程（S_G）；

与航速一样，在有水流影响时，实际航程、对水航程与流程的关系是

$$\overrightarrow{实际航程} = \overrightarrow{对水航程} + \overrightarrow{流程}$$

3. 航速、航程的测定：船舶测定航速和航程的主要仪器是计程仪，计程仪分为相对计程仪和绝对计程仪。

（1）相对计程仪仅能提供相对于水的速度和航程，习惯称相对计程仪"计风不计流"，如电磁式、水压式和往复式计程仪。

（2）绝对计程仪能够记录出船舶相对海底的速度和航程，即船舶受风流影响后的实际速度和航程，习惯称绝对计程仪"计风计流"，如多普勒计程仪和声相关计程仪。

（3）当在深海时（水深超过200 m），绝对计程仪计量的也是相对某一层海水的速度和航程。

（五）航海上方向的划分

航海上常用的划分方向的方法有下列3种。

1. 圆周法：

（1）圆周法始终用3位数表示，是航海上最常用的表示方向的方法。

（2）以正北为方向基准000°，按顺时针方向计量到正东为090°，正南为180°，正西为270°，再计量到正北方向为360°或000°。

2. 半圆法：以正北或正南为方向基准，分别向东或向西计量到正南或正北，计量范围0°～180°。用半圆法表示某方向时，除度数外，还应标明起算点和计量方向。如30°NE，150°SE，30°SW，150°NW。

3. 罗经点法（图2-6-3）：4个基点、4个隅点、8个三字点和16个偏点，共计32个方向点，叫作32个罗经点，1个罗经点为11°.25′或11°15′。

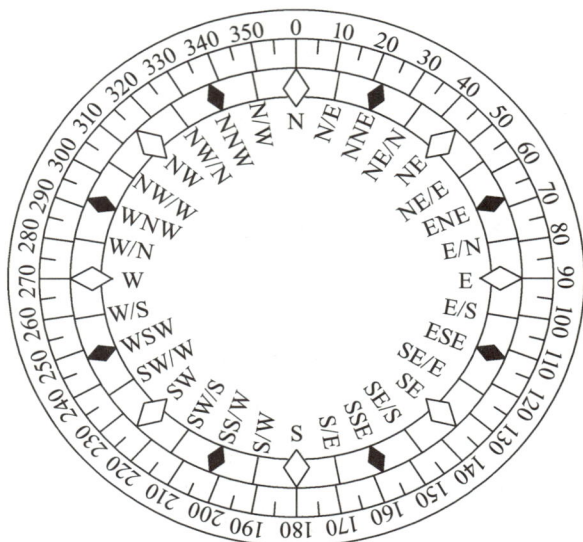

图2-6-3　罗经点法

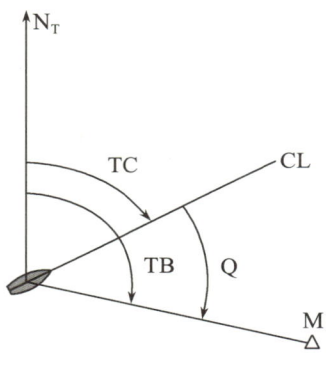

图2-6-4　航向、方位和舷角

（六）航向、方位和舷角（图2-6-4）

1. 真航向TC（true course）：船舶航向线与真北（true north, N_T）线之夹角。由测者的真北线（航用海图上的经线）向右（顺时针）度量到船舶航向线CL；计量范围：000°～360°，用圆周法表示，如TC002°。

2. 真方位TB（true bearing）：物标方位线与真北线之夹角。由测者的真北线向右（顺时针）度量到物标方位线BL。计量范围：000°～360°，用圆周法表示，如TB032°。

3. 舷角（relative bearing）Q，又称相对方位：从航向线到物标方位线之间的夹角。以航向线为基准，按顺时针方向计量到物标方位线，计量范围000°～360°，始终用三位数表示；或以船首向为基准，分别向左或向右计量到物标方位线，计量范围0°～180°，向左计量为左舷角$Q_左$，向右计量为右舷角$Q_右$。当舷角Q=090°或$Q_右$=90°时，叫作物标的右正横；当Q=270°或$Q_左$=90°时，叫作物标的左正横。

4. 航向、方位和舷角之间的关系如下：

$$TB=TC+Q$$

或

$$TB=TC+Q\begin{cases} Q_右为（+） \\ Q_左为（-） \end{cases}$$

若计算所得的真方位值大于360°或小于0°，则应分别减去或加上360°。

（七）陀螺罗经/电罗经测定向位

航海上测定向位（航向和方位）的仪器是罗经。目前，海船上配备的罗经有陀螺罗经(俗称电罗经)和磁罗经两大类,罗经指向的部件是罗盘。

1. 陀螺罗经:

(1)陀螺罗经刻度盘0°所指示的方向称为陀螺罗经北,简称陀螺北,用N_G表示;

(2)陀螺北与真北的夹角成为陀螺差,代号ΔG;

(3)陀螺北和船舶航向线之间的夹角,称为陀螺航向,代号GC;

(4)陀螺北和物标方位线之间的夹角,称为陀螺方位,代号GB。

2. 磁罗经:

(1)磁罗经刻度盘0°所指示的北,称为罗北,代号N_C;

(2)罗北与真北的夹角成为陀螺差,代号ΔC;

(3)罗北和航向线之间的夹角叫作罗航向,代号CC;

(4)罗北和物标方位线之间的夹角叫作罗方位,代号CB。

四、特殊环境下的游艇航行

(一)雷雨大风天气下的航行

雷雨大风多发生在春夏季,雷雨大风持续的时间虽短,但破坏力很大.严重威胁游艇航行的安全。

1. 雷雨大风对船舶安全的威胁:

(1)对航行中的游艇安全构成威胁。特别是游艇在航道中航行,受到航道走向以及可航水域宽度限制,遭遇雷雨大风时,游艇难以通过改变航向进行抵御;同时受暴雨影响,能见度急剧下降,雷达受暴雨干扰也无法正常使用,给游艇的避让带来困难。

(2)对停泊中的游艇安全构成威胁。因短时间内降雨量较大,一些游艇由于水密等设施存在缺陷,大量雨水进入游艇舱室形成自由液面导致船舶稳性不足,受大风影响极易发生翻沉事故。

2. 雷雨大风防范措施:

(1)在雷雨大风季节,应注意天气预报预警信息的收集,加强游艇水密和排水设施设备的检查和保养,确保随时可用。接获雷雨大风预警信息,应及早做好应急防备。在航游艇遭遇雷雨大风,应及时选择安全水域锚泊,同时利用VHF播发本艇锚泊信息,提醒他船注意。

(2)游艇防范雷雨大风应以避为主,雷雨大风期间应加强水密检查,及时排出积水,防止游艇进水发生翻沉事故。

(二)夜航、雾航的特点和安全航行措施

游艇在夜、雾中航行,由于能见度变差或急剧降低,不能及时掌握海域的船舶动态,安全航行难度增大,容易发生碰撞、搁浅、触礁等事故。因此,要求游艇操作人员在夜、雾航行时须谨慎操纵,确保游艇航行安全。

1. 夜间航行安全措施:

(1)认真瞭望,严密注视水面动态;

(2)打开航行灯,注意防止艇内灯光外泄,避免妨碍正常的瞭望;

（3）操纵台（驾驶台）应保持肃静，注意发现和正确判别海上的一切灯光及声号，及时采取避让措施；

（4）为保证游艇航行在计划航线上，游艇操作人员应经常检查艇位，并应经常检查航行灯是否正常；

（5）航首方向如发现目标多或情况复杂，一时辨别不清或难以处置时，应减速，待航行情况查明后，再按规定行动。

2. 雾中航行及突遇浓雾时的安全措施：

（1）提高海图作业的准确性：

1）进入雾区前准确测定艇位；

2）利用大比例尺海图进行作业，准确计算风流压；

3）尽量减少转向，用艇上雷达导航和GPS测定艇位，必要时利用测深仪助航。

（2）防止与他船碰撞：按避碰规则要求及时鸣放规定的雾号，显示规定的号灯。使用雾中安全航速，谨慎操纵游艇。若各种设施不能确保航向安全，应停车漂泊或选择附近锚地锚泊。

1）加强瞭望，注意利用雷达等有效手段搜索艇首方向和近距离目标；

2）保持艇上操纵台的安静，注意判别雾中音响信号和号灯；

3）关闭水密门、舷窗、孔盖等水密装置；

4）救生器材及其他应用设备处随时可用状态；

5）随时准备抛锚，并做好高速倒车的准备。

任务训练

任务训练一： 正确地读取游艇GPS船位：（39°54'.2N　116°28'.2E）。

任务训练二： 如图2-6-5所示，读取游艇磁罗经的航向（CC）。

图2-6-5　磁罗经

任务训练三： 1. 70英尺的游艇相当于多少米？

2. 两游艇前后相距2链相当于多少米？

3. 计程仪显示的航程和航速的单位是什么？

4. 他船位于我艇3点钟方向的含义是什么？

任务七 游艇定位

　　游艇定位（图2-7-1），简称定位（fixing position），是指用各种观测手段测定游艇位置的方法和过程。游艇航行中以雷达定位和GPS定位为主。

图2-7-1　游艇定位

一、雷达定位（RADAR）

（一）雷达

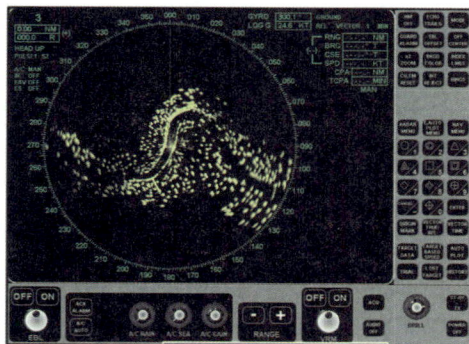

图2-7-2　雷达界面

　　雷达（radio detection and ranging）即无线电探测与测距，其缩写为Radar。它是利用电磁波探测物标的电子设备，自20世纪中叶开始为船舶导航。雷达是一种自备（自主）式导航定位设备，依靠安装在船上的雷达设备进行导航定位。雷达是现代船舶上必不可少的重要设备，除了用于定位外，还可以用于狭水道、避碰及进出港口导航和向其他仪器设备提供海面物标信息，因此雷达是船舶导航定位的重要设备（图2-7-2）。

雷达定位方法有：测量一个物标的距离和方位定位；测量两个或多个物标的距离定位；测量两个或多个物标的方位定位；测量多个物标的距离或方位定位等。

1. 雷达测距原理：雷达收发机的发射部分产生电磁波，当电磁波传播中遇到与空气不同的物体（如船舶、海岛、岸线、高山等）时，电磁波就会被这些物体反射回来，被雷达天线接收（回波）。若雷达发射的电磁波从发射到被物体反射回来、被天线接收的传播时间为 Δt，则雷达到反射物体的直线距离为

$$D = \frac{1}{2} C \times \Delta t$$

雷达安装在船上，在雷达显示器荧光屏上，扫描中心代表雷达所在的游艇位置，反射物体显示在荧光屏上（回波），根据显示器距离标志就可以测量出反射物体到船舶的距离（图2-7-3）。

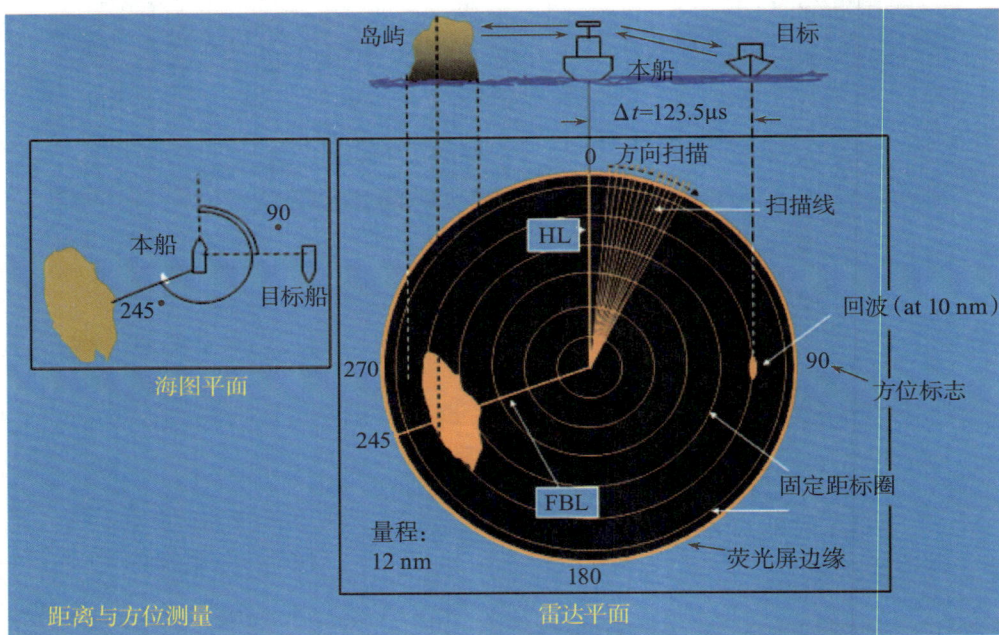

图2-7-3　雷达测距测向

2. 雷达测向原理：雷达通过天线不停地旋转，瞬间定向发射与接收电磁波，电磁波回波的方向就是反射物体的方向。在雷达显示器上有表示方向的方位圈（固定方位圈或罗经方位圈），荧光屏上反射物体回波所对应的方位圈刻度就是该物标的方位（图2-7-3）。

3. 雷达物标回波识别：可以用于雷达定位的物标主要有孤立的小岛、岬角、突出陡峭的海岸、雷达应答标（racon）等。其回波的主要识别方法有以下几种。

（1）根据雷达荧光屏上物标回波形状与海图上物标形状比较进行识别：首先根据游艇在海图上的推算船位和航向等因素，观察和记住海图上船位周围海区绘制的岛

屿、岬角、突出陡峭的海岸的形状、大概方位和距离等；再到雷达荧光屏上，根据扫描中心周围岛屿、岬角、突出陡峭的海岸的形状、大概方位和距离等回波特点，将二者进行对比，即可确定雷达荧光屏上所要选择的定位物标回波（图2-7-4）。

（2）根据已知准确船位进行识别：当对游艇周围海域不太熟悉且岛屿、岬角、突出的海岸较多，根据雷达荧光屏上物标回波形状与海图上物标形状比较，难以识别定位物标回波时，可以根据已知准确船位的方法识别定位物标回波。

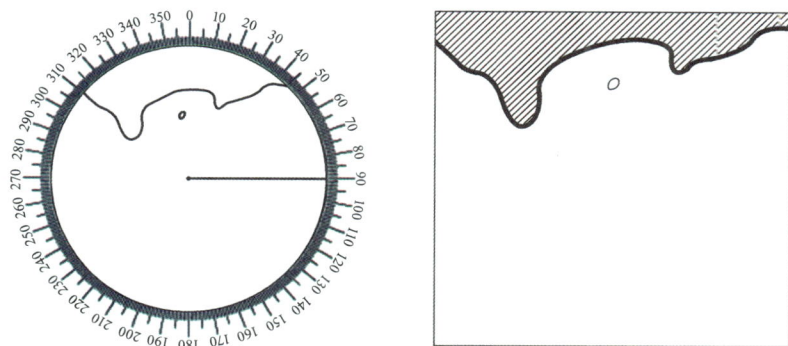

图2-7-4　雷达物标回波与海图物标

（3）根据雷达航标特点进行识别：用于雷达定位的雷达应答标，在海图上用航标符号标示出其位置和编码。而在雷达荧光屏上，雷达应答标从所安装的物体回波，背向扫描中心发射编码符号。根据推算船位、大概的方位距离和发射的编码符号，可以在雷达荧光屏上确认所选用的雷达应答标。

（二）雷达定位

1. 物标的选择：选择雷达定位物标的总原则是选择物标回波稳定、明亮清晰、位置与海图上的位置精确对应、测量精度高的物标。具体可选用的物标有：

（1）孤立的小岛、岩石，高而陡峭的岬角、突堤、雷达应答标等；

（2）尽量选择近距离、失真小的物标；

（3）选择船位线交角好的物标。

2. 定位方法：游艇雷达定位方法如图2-7-5所示。

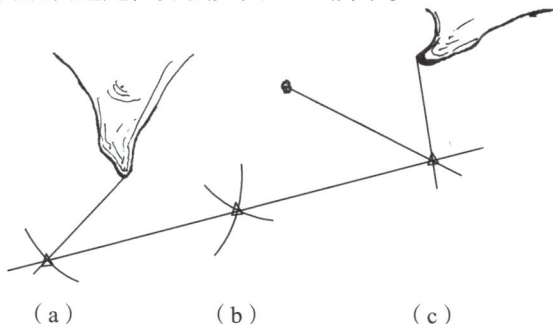

（a）为单一物标距离方位定位；（b）为两物标距离定位；（c）为两物标方位定位

图2-7-5　雷达定位方法

（1）单一物标定位：在雷达显示器上同时测量一个物标的距离和方位，在海图上从所测物标测量点画出该物标的方位线（方位船位线），再以所测物标测量点为圆心，以所测距离为半径画圆（一般只画出所需要的一段圆弧）就是船位圆，船位圆与方位线的交点就是雷达船位。

（2）两物标定位：

1）测量两物标距离定位：在雷达显示器上测量两个物标的距离，在海图上分别以所测物标测量点为圆心，以所测距离为半径画出两个船位圆（一般只画出所需要的圆弧），两个船位圆的交点就是雷达船位。

2）测量两物标方位定位：在雷达显示器上测量两个物标的方位，在海图上分别从所测物标测量点画出两个物标的方位线（方位船位线），两条方位线的交点就是雷达船位。

有条件时也可以测量三个以上物标定位，以提高定位精度。定位时除了选择定位精度高的物标外，还应选择船位线交角好的物标。两物标定位时，船位线交角最好是90°（应大于30°）。三物标定位时，船位线交角最好是120°。

3. 雷达定位精度：

（1）距离定位高于方位定位；

（2）三位置线定位高于二位置线定位；

（3）近距离目标定位高于远距离目标定位；

（4）位置线交角：二条接近90°、三条接近120°时精度高；

（5）目标特性：孤立、点状、位置可靠的目标或迎面陡峭、回波前沿清晰明显的目标定位好；

（6）与测量方法、速度、作图技巧有关。

（三）雷达避让

游艇在狭水道或特殊海域航行，单纯依靠定位不能有效保证航行安全时，经常采用雷达避险线航行，主要有以下方法。

1. 距离避险线：在雷达荧光屏上，选定某一物标回波作为避险物标，根据游艇航行安全的需要，用雷达活动距标设定距离避险物标回波的安全距标圈，航行中保持此距标圈始终与避险物标回波相切，游艇的航行就是安全的。当选定的避险物标与

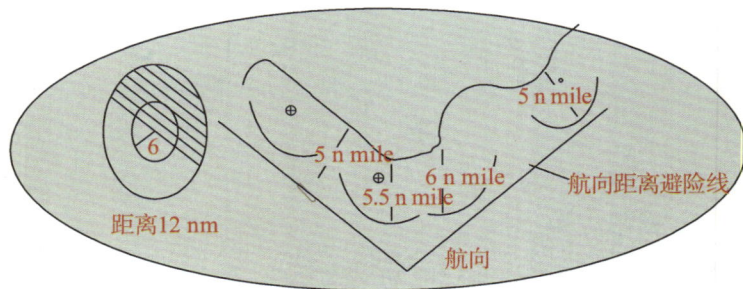

图2-7-6　距离避险线

危险物（区）的连线与计划航线垂直或接近垂直时，宜采用距离避险线航行（图2-7-6）。

2. 方位避险线：在雷达荧光屏上，选定某一物标回波作为避险物标，根据游艇航行安全的需要，用方位标尺指向所选定的避险物标回波，操纵游艇使其方位标尺始终位于所选定的避险物标回波外侧航行，游艇就是安全的（图2-7-7）。

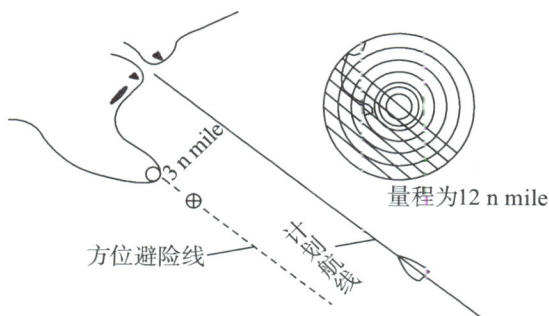

图 2-7-7　方位避险线

二、GPS定位

GPS是Navatar global positioning system的简称，即全球定位导航系统，它是由美国研制和控制的一套卫星导航系统。GPS系统在航海、航空、地面交通管理等的主要作用是GPS系统用户通过GPS导航仪，接收GPS卫星发射的信号，求得用户的地面位置（二维定位）及相对地面的移动速度（二维测速），或求得用户的空间位置（三维定位）和空间速度（三维测速）等。由于GPS系统发射信号的设备设在卫星上，卫星有较高的高度，所以它发射的信号对空间及地球覆盖区域大。GPS系统使用较多的导航卫星，组成GPS导航卫星网，卫星网发射的信号覆盖全球（图2-7-8），因此GPS系统属于全球定位系统。GPS定位系统不受气象条件及时间的限制，属于全天候定位系统。GPS定位系统无论是在地面还是在空间，都可以随时定位、连续定位。GPS定位可以得到高精度的用户位置，接收GPS卫星发射的CA码信号定位，定点定位精度可精确到20 m，动点定位精度可精确到100 m，而未来这一定位精度还会提高。

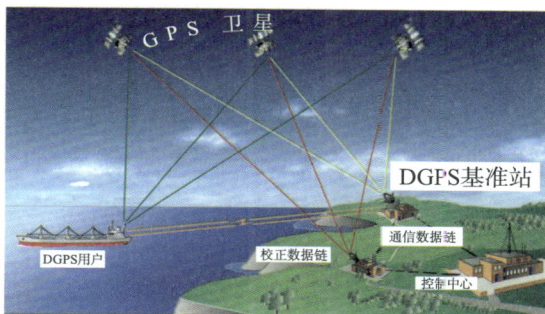

图2-7-8　GPS系统

（一）GPS导航仪使用

GPS导航仪开机方式一般分为冷启动、热启动和重新启动三种。

1. 冷启动：GPS导航仪的冷启动是一台导航仪安装后第一次开机使用，或停机3个月以上（有的导航仪6个月以上）时再次开机，或停机后位置变化100 n mile以上（有的导航仪位置变化600 n mile以上）时再次开机，称为冷启动。冷启动时导航仪须进行初始化输入，即需要输入推算船位经纬度、时间、天线高度、HDOP等数据后，导航仪还需要搜索卫星，重新收集历书，30 min后，才开始自动定位。冷启动输入时间的误差不应超过15 min（有的导航仪要求不超过1 h），输入船位经纬度的误差不应超过1°（有的导航仪要求不超过10°）。若HDOP数值范围为00～99，二维定位（船舶定位）时，一般设定为10。

2. 热启动：当GPS导航仪关机后，位置变化不超过100 n mile（有的导航仪不超过600 n mile）或关机日期不超过3个月（有的导航仪不超过6个月）时，且导航仪内保存有卫星启动前的工作称为导航仪的热启动。热启动时，一般不需要向导航仪输入初始数据。接通电源后，最多不超过20 min就可以自动定位。

3. 日常启动：游艇在航行或停泊时，GPS导航仪关机后再启动，称为导航仪的日常启动。由于航行或停泊时一般关机时间很短且位置基本不变，因此日常启动导航仪时不需初始化输入。日常启动是GPS导航仪经常的开机方式，开机后马上就可以自动定位。

（二）GPS定位

游艇使用GPS系统进行定位时，船位纬度和经度是直接从GPS导航仪显示屏上读取的，一般导航仪每隔1 s更新一次船位，每隔3～5 s更新一次GPS导航数据，连续显示船位纬度和经度（图2-7-9）。

图2-7-9　GPS定位

（三）GPS定位特点

1. 全球定位。

2. 全天候定位。

3. 连续定位、随时定位、自动定位、近似实时（即时）定位。

4. 二维定位、三维定位与测速。

任务训练

训练一：游艇在航行过程中，采用雷达定位方式时，物标应怎样选择？

训练二：游艇GPS系统导航仪怎样进行热启动？

任务八 游艇其他助航设备的使用

一、游艇磁罗经

游艇磁罗经（图2-8-1）是利用地磁场对磁针具有作用力的现象而制造的一种航海仪器。其结构简单、性能可靠，在地磁场内可独立工作，除了为游艇指示航向外，还可以用于游艇定位和导航，是游艇必备的导航仪器之一。磁罗经指示方向基于地磁场的存在和磁力学原理。

图2-8-1　游艇磁罗经

（一）磁罗经的检查

为了保证游艇磁罗经能够正常工作，游艇驾驶员对磁罗经应经常进行检查，以确认其各部件是否完好，指向性能是否良好，是否能够正常工作等。主要常规检查有以下几方面。

1. 灵敏度检查：检查磁罗经的灵敏度（inert property）时，游艇应靠在码头上，游艇上的机器、岸上的大型机械不工作，标准磁罗经的自差应小于±3°。

检测方法：记下磁罗经航向，用小铁磁体将罗盘向左（或向右）引偏2°~3°，然后使小铁磁体远离罗经（1 m以上），使罗盘自由恢复航向。以同样的方法再向右（或向左）引偏罗盘，然后使小铁磁体远离罗经，使罗盘自由恢复航向。若罗盘能够恢复到引偏前的航向，则说明罗经的灵敏度良好；若罗盘不能恢复到引偏前的航向，但新航向与引偏前的航向误差小于±0.2°，则罗经的灵敏度符合要求；若航向误差大于±0.2°，则罗经的灵敏度不符合要求。

检查磁罗经的灵敏度是检查轴针与轴帽之间的摩擦力是否正常，若轴帽完好，此摩擦力大小主要取决于轴针是否尖锐。若灵敏度不符合要求，应将轴针送厂检修或更换新轴针。

2. 半周期检查：检查磁罗经半周期（semiperiod）的条件与检查灵敏度的条件相同。

检测方法：记下磁罗经航向，用磁铁将罗盘向左（或向右）引偏40°以上，使磁铁远离罗经（3 m以上），使罗盘自由恢复航向。当原航向刻度第一次过船首基线时，启动秒表。当罗盘回转，原航向刻度第二次过基线时，停止秒表，秒表读数应为约12 s±0.5 s（190罗经和165罗经在纬度40°以下地区时）。再以同样的方法向右（或向左）引偏一次，所测半周期也应与以上所测相等，说明磁罗经半周期正常。若所测磁罗经的半周期超出正常值12 s±0.5 s较大，则不符合要求。

检查磁罗经的半周期是检查磁罗经罗盘的磁性是否正常。若半周期太大，说明罗盘磁性减弱。当罗盘偏离正常指向后，恢复到正常指向将需要较长时间，此时将产生较大的指向误差甚至不能正常指向。当磁罗经的半周期不符合要求时，应将罗盘送厂修理或更换新罗盘。

另外，还应经常检查罗盘应始终保持水平、罗盘内液体应无色透明不变质无沉淀、照明设备完好等。

（二）磁罗经的使用与保管

1. 磁罗经的使用注意事项：

（1）磁罗经是一种磁性仪器，铁磁物体不得随意靠近；

（2）标准磁罗经自差不应大于±3°（除恒定自差外，操舵磁罗经自差不应大于±5°）；

（3）测航向、方位时，身上不能带有铁磁物体，罗盆应保持水平；

（4）有条件时应经常观测自差。

2. 维护与保管：

（1）经常检测罗经的灵敏度、半周期；

（2）经常检查罗盆内是否有气泡，若有气泡应及时消除；

（3）磁罗经周围不得随意放置铁磁物体。

二、游艇甚高频

游艇甚高频（VHF）无线电通信是指采用VHF专用频段进行船舶间、游艇与岸间或经岸台与陆上通信转接的船与岸上用户间的无线电通信（图2-8-2）。广泛应用于游艇避让、海事管理、港口生产调度、船舶内部管理、遇险搜救以及安全信息播发等方面，是完成水上交通现场通信的主要手段。VHF通信对于保障船舶航行安全的重要作用是其他方式的通信所无法取代的。甚高频只能直线传播，受视距限制，理论上约100 n mile，实际正常范围是30～50 n mile。

图2-8-2　游艇甚高频无线电通信设备

（一）无线电波段划分

无线电波段划分见表2-8-1。

表2-8-1　无线电波段划分

名称	简写	简称	频率	波长
微波Ⅱ	SHF	超高频	3～30 GHz	0.1～0.01 M
微波Ⅰ	UHF	特高频	300～3 000 MHz	1～0.1 M
超短波	VHF	甚高频	30～300 MHz	10～1 M

（续表）

名称	简写	简称	频率	波长
短波	SW	高频	3～30 MHz	100～10 M
中波	MW	中频	300～3 000 kHz	1 000～100 M
长波	LW	低频	30～300 kHz	10～1 km

（二）VHF无线电通信范围

1. A1海区：船←→岸无线电通信。

2. 船←→船通信（驾驶台之间）。

3. 现场通信（搜救作业）。

（三）VHF对讲机使用注意事项

1. 当船舶进入特定的港口水域前，必须认真学习、了解该港口水域的VHF通信规则。双方通信联系前一定要统一频道和模式；当遇到频道正确而联系不畅时，应换频道或对讲机；遇干扰或干扰别人时，应及时更换频道。

2. 说话简洁，尽量缩短每次发射的时间。如用双工通信时，应一直按下发射控制键，否则影响通话质量；讲话时不必大声，否则会引起话音失真（只需在嘴部距对讲机的麦克风2.5～5 cm处，以正常音量讲话即可）；注意调好音量及静噪，否则可能听不到声音或产生扰人的噪音。

3. 便携式手持对讲机天线不能拧下，否则在发射时容易把功率管烧坏。

4. 在贴有关闭对讲机标识的场合或易燃易爆场所，应关闭对讲机或使用防爆对讲机，如油码头、危险品码头、石油气天然气码头等场所。应注意在易燃易爆场所的危险环境中不能更换电池、拆卸或插拔对讲机的附件，如耳机话筒，以免因拆卸或插拔时产生的摩擦接触火花引起爆炸或火灾。

5. 对讲机通信在临界距离时常发现声音有断断续续现象，此时可以调整静噪等级来改善守听效果。

6. 一般镍氢电池正常使用的充放电次数为500次，锂电池为1 000次，在对新电池进行前3次充电时，应持续充电14～16 h，以获得最大的电池容量和更好的电池性能。以后每次最好是用完充足，如果电池长期在半饱和状态下工作，会缩短电池的使用寿命。电池安装在对讲机充电时，应关闭对讲机以保证电池完全充满，不充电时，不要将对讲机和电池留在充电器上，连续不断地充电将缩减电池寿命。

三、AIS船舶自动识别系统

AIS系统是船舶自动识别系统（Automatic Identification System）的简称，由岸基（基站）设施和船载设备共同组成，是一种新型的集网络技术、现代通信技术、计算机技术、电子信息显示技术为一体的数字助航系统和设备。

船舶自动识别系统（AIS）配合全球定位系统（GPS）将船位、船速、改变航向率及

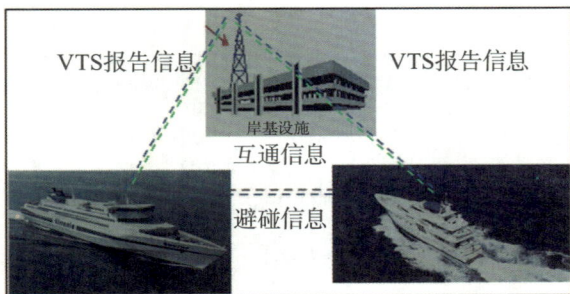

图2-8-3　AIS信息互通

航向等船舶动态结合船名、呼号、吃水及危险货物等游艇静态资料由甚高频（VHF）频道向附近水域船舶及岸台广播，使邻近船舶及岸台能及时掌握附近海面所有船舶的动静态资讯，得以立刻互相通话协调，采取必要避让行动，对船舶航行安全有很大帮助。AIS的正确使用有助于加强海上生命安全、提高航行的安全性和效率以及对海洋环境的保护。AIS信息互通如图2-8-3所示。

（一）AIS的功能

1. 识别船只。

2. 协助追踪目标。

3. 简化信息交流。

4. 提供其他辅助信息以避免碰撞。

（二）标绘器显示（PLOTTER）

在每次开机之后，标绘器显示都将自动出现相关内容。在显示距离内，附近水域装有AIS的船舶都会以"目标标志"的方式在标绘器显示自动呈现出。

显示器显示的AIS目标类型：

1. AIS休眠目标（Sleeping Target）；

2. AIS激活目标（Activated Target）；

3. AIS已选择目标（Selected Target）；

4. AIS危险目标（Dangerous Target）；

5. AIS丢失目标（Lost Target）。

如果在1.5 min内没有接收到来自于AIS的目标信号，它将认为目标丢失并开始闪动。3 min后，它将清除屏幕记录。当目标的CPA预计相遇最近点的距离和TCPA预计相遇最近点的时间都小于菜单中的设定值时，目标标志将会闪动并且响起报警声（如果菜单中已设定好）。

（三）AIS的优点

1. AIS是一种无人操作的无线电通信系统，自动进行船到岸和船到船之间的通信，交换船位和航行状态等信息。

2. AIS与其他船舶进行VHF无线电联系，利用短信息CMS，减少了VHF呼叫通话量，减少了手动输入和VHF通信量。

3. AIS是一种无人操作的无线电导航系统。自动、实时观测和监视装有AIS的船舶动态，进行船对船和船对岸的识别，协助驾驶员瞭望和船舶避碰。

4. AIS无须雷达、ARPA就可以自动观测、识别装有AIS的船舶。AIS探测范围扩大到雷达盲区和障碍物之后等雷达探测不到的区域,并且无目标交换与误跟踪等问题,受气况、海况的影响较小。

5. AIS能自动、快速获得船舶信息,输入给雷达、ARPA、电子海图和组合导航等船舶导航设备,增强信息的使用价值,提高了工作效率。

6. AIS提高了海上搜寻和救助的工作效率,可快速寻找海上遇险船舶。

7. AIS可自动存储信息,以便事后查询和分析。

8. AIS降低了工作强度,减少了工作差错。

船舶在航行或锚泊时,AIS系统必须始终运行。但是如果船长确信AIS持续运行可能会影响船舶的安全,AIS系统可以被关闭,如在海盗和武装强盗出没的海域。

一些特殊类型船舶并没有被要求强行安装AIS,如军舰、海军辅助舰船和政府拥有/运行的船舶。另外,一些小型船舶(如游船、渔船)等都被免除安装AIS设备。因此,使用该系统时船舶驾驶员应充分注意AIS系统提供的信息并不是附近船舶的完整或正确的信息。

任务训练

训练一: 游艇罗经应怎样使用及其注意事项。

训练二: 游艇VHF使用的注意事项是什么?

训练三: 游艇AIS的优点是什么?

情境三 游艇操纵基本认知

任务一 游艇操纵性能基本认知

任务内容

一、游艇操纵性能认知

(一)启动性能

游艇从静止状态至稳定艇速所需要的时间和航进距离,称为游艇的启动性能。启动过程,由静止状态开进车时艇速随艇机转速而逐步提高。

(二)旋回性

旋回性是指定速直航的游艇操某一大舵角后进入定常旋回的运动性能。

1. 游艇旋回的运动过程。

(1)第一阶段(转舵阶段):游艇向一舷操舵后,保持或近乎保持其直进速度,同时开始进入基本沿原航向前进而艇尾外移,同时少量地向操舵一舷横倾的初始旋回,称为转舵阶段。

(2)第二阶段(过渡阶段):操舵后随着游艇横移速度和漂角的增大,游艇的运动逐渐偏离首尾面而向外转动,进入内倾消失、外倾出现并逐渐增大的加速旋回,称为过渡阶段。

(3)第三阶段(定常旋回阶段):随着旋回阻尼力矩的增大,当游艇所受的舵力转船力矩、漂角水动力转船力矩和阻尼力矩相平衡时,游艇的旋回角加速度变为零,游艇的旋回角速度达到最大值并稳定于该值,游艇将进入稳定旋回,称为定常旋回阶段。

在驾驶游艇过程中,如游艇做大舵角快速转向时,会产生向操舵一舷的横倾(内倾)现象(图3-1-1)。

2. 旋回圈的概念:定速直航(一般为全速)的游艇操一定舵角(一般为满舵)后,其重心所描绘的轨迹叫作旋回圈(turning circle)。

图3-1-1 游艇旋回过程中横倾图

（1）表征旋回圈大小的几何要素名称（图3-1-2）：

① 进距（advance）；

② 横距（transfer）；

③ 旋回初径（tactical diameter）；

④ 旋回直径（final diameter）；

⑤ 滞距（reach）；

⑥ 反移量（kick）。

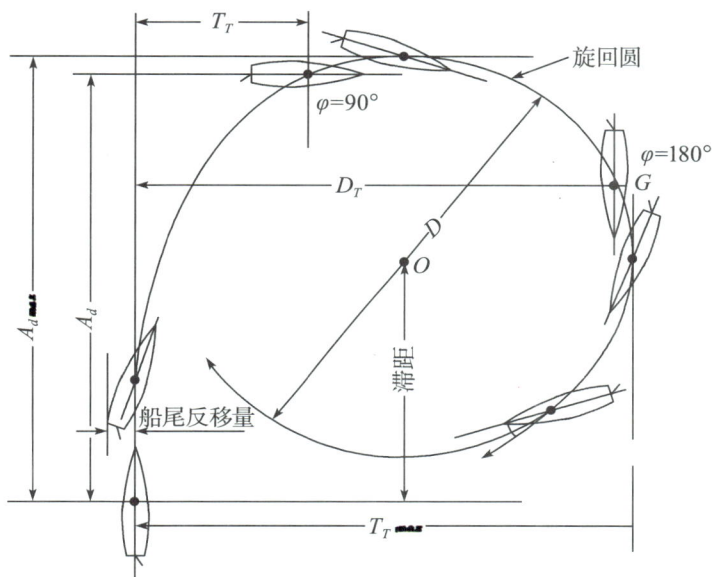

图3-1-2 旋回圈的尺度与名称

（2）旋回圈几何要素解释：

① 纵距（进距）（Advance, Ad）：特指当航向改变90°时重心沿原航向的纵向移动距离。

$$Ad \approx (0.6 \sim 1.2)DT$$

游艇作旋回运动时，操舵速度快，则纵距小。

② 横距（Transfer, Tr）：特指当航向改变90°时重心横向移动距离。

$$Tr \approx 0.5DT$$

③ 旋回初径（tactical diameter, DT）：是指从操舵开始到游艇航向转过180°时重心所移动的横向距离。常用相对旋回初径表示旋回圈大小。

$$DT \approx (3 \sim 6) \ L$$

④ （定常）旋回直径（final diameter, D）：定常旋回时重心轨迹圆的直径，也叫旋回终径。

$$D=(0.9\sim1.2)DT$$

⑤ 滞距（reach）：游艇重心至定常旋回中心的纵向距离。

⑥ 反移量（偏距）（kick, K）：游艇重心在操舵后向操舵相反方向横移的最大距离（约出现在船首偏转一个罗经点的时刻）。

$$K_{重心}\approx1\% L;\ K_{船尾}\approx(10\%\sim20\%)L$$

反移量的大小与艇速、舵角、操舵速度、排水状态及船艇类型等因素有关，艇速、舵角越大，反移量越大。

（三）航向稳定性的概念

所谓航向稳定性，指的是游艇在受外界干扰取得转头速度后，当干扰结束之后，在游艇保持正舵的条件下，游艇受的转头阻矩对艇体转头运动有影响，因而游艇转头运动将发生变化的性质。

一艘航向稳定性较好的游艇，直航中即使很少操舵也能较好地保向；而当让其操舵改向时，又能较快地应舵；转向中回正舵，又能较快地把航向稳定下来。其特点是对舵的响应运动来得快，耗时短，因而舵效比较好。也就是说操舵次数越少，所用舵角越小，航向稳定性越好（图3-1-3）。

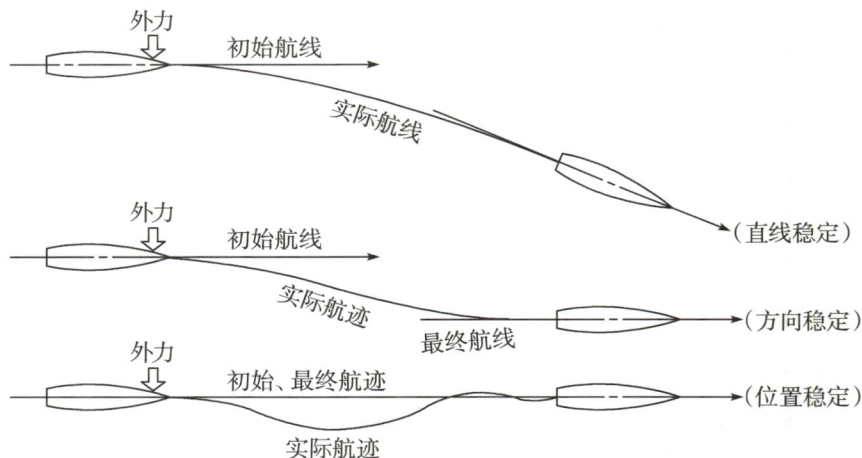

图3-1-3　游艇运动稳定性

二、影响游艇操纵性能的因素

风、流、浅水以及浮态等外界因素对游艇操纵都会产生影响。

顺风、顺流舵效比顶风、顶流舵效差，不容易操纵。浅水中，由于游艇旋回阻尼力矩比深水中大，因此，浅水中舵效比深水中差，操纵性能差。游艇在海上航行，艇体周围由静水压变为动水压，导致艇体浮态的变化，对于中低速艇，航行时将呈现首倾现象。

三、舵效的概念，以及影响舵效的因素

（一）舵效的概念

舵是船舶操纵的重要设备，通常舵设备用来保持航向、改变航向，做旋回运动。

驾驶游艇操单位舵角后,游艇航行一段距离时,取得转向角的大小的效能称为舵效。

1.影响舵效的因素。

(1)舵角的影响:一般舵力越大,舵效越好。舵力大小又与舵角有关,因此,舵角越大,舵效越好。在有水流的航道内航行时,在舵角相同的条件下,顺流和逆流航行时舵力是一样的,但舵效不同。

(2)舵速影响:舵效大小与舵速有关,舵速越大,舵效越好。

(3)纵倾、横倾的影响:首倾比尾倾舵效差;横倾时,向低舷转向比向高舷转向舵效差。

(4)转舵速率的影响:转舵越快,舵效越好;反之,越差。

(5)舵机性能的影响:液压舵机的性能较好,舵来得快,回得也快;电动舵机来得快,回得慢,不易把定。

(6)外界因素的影响(风、流、浅水等):浅水中舵效较深水中差。当风的影响使艇首迎风偏转时,游艇迎风转向时的舵效比较好,顺风转向时则舵效较差。顶流时舵效好,顺流时舵效差。

四、停车和倒车冲程,影响游艇冲程的因素

(一)停车冲程

游艇在全速或半速前进中停止艇机,至艇对水停止移动时所需的时间和滑行的距离,称为停车冲时和停车冲程。

(二)倒车冲程

游艇在前进三中开后退三,从发令开始到艇对水停止移动所需的时间及航进的距离,称为倒车冲时和倒车冲程,其距离又称紧急停船距离或最短停船距离。

艇机停车后,推力急剧下降到零,艇速开始迅速下降。但随着艇速的下降,游艇阻力减小,艇速下降逐渐缓慢。当艇速很低时,阻力很小,艇速的下降极为缓慢,游艇很难完全停止下来。因此,通常以艇速降低至能维持游艇舵效的速度为界限来计算游艇的停车冲程和冲时。

(三)影响冲程的因素

1.游艇的大小,即游艇的载重量。

2.艇体水线下线型。

3.艇速。

4.艇机倒车功率、转速和换向时间。

5.推进器种类。

6.艇体的污底程度。

7.外界条件,如天气、海面状况、风流等原因。

任务二　游艇操纵设备的使用

任务内容

一、车在游艇操纵中的作用

（一）车的定义及其种类

1. 定义：把艇机发出的功率转换成推动游艇前进功率的装置或机构，统称推进器（车）。

2. 种类：推进器的种类主要有螺旋桨、平旋推进器、明轮、喷水推进器等。目前机动艇上普遍使用的是螺旋桨。螺旋桨的种类主要可分为固定螺距螺旋桨（FPP，图3-2-1、图3-2-2）和可变螺距螺旋桨（CPP，图3-2-3、图3-2-4）。

FPP

右旋式FPP

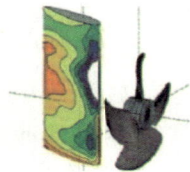

左旋式FPP

图3-2-1　固定螺距螺旋桨（FPP）

图3-2-2　单车固定螺距螺旋桨旋转示意图

CPP

右旋式CPP

左旋式CPP

图3-2-3　可变螺距螺旋桨（CPP）

图3-2-4　单车可变螺距螺旋桨旋转示意图

（二）车在操纵中的作用

车是螺旋桨的简称。螺旋桨的主要功能是产生前后方向的推力，以控制船舶的前后运动。同时,它对舵速有很大的影响。因而对增强或减低舵效,改变船舶对舵的响应运动方面起着重大作用。除此之外,螺旋桨转动时,即使操正舵,船舶也会出现向左或向右的偏转现象,这就是螺旋桨的致偏作用。该作用在港内操船的低船速、高转速、小沉深比状态下非常明显。驾驶人员在动车时应对该作用有充分的预见,综合考虑与操舵联用时的操纵效果,以便确定合理的操纵方案。对于部分游艇设有同轴正反串联螺旋桨的,则无致偏作用。

二、舵在游艇操纵中的作用

（一）舵的概念

舵是操纵的重要设备之一,操舵是船舶控制方向的主要手段。舵的作用是利用水流对舵的作用力使船舶保持或改变航向（图3-2-5）。

（二）舵的工作原理

对水运动的舵叶相当于一个机翼,正舵时,流经舵叶两侧的水流是对称的,不会产生横向作用力。此时,船舶理论上应做直线运动,而转动某一舵角之后,在舵的迎流面,流速减慢,流压增加;在舵的背流面,流速增大,流压下降,而且背流面的水动压力下降比迎流面的压力升高的绝对值大。这样在舵叶的两侧出现了压力差,形成了一个垂直于流体方向的升力与一个平行于流体方向的阻力,这两个力的合力称为舵力。作为舵的性能,最好是升力大、阻力小,升力与阻力之比称为升阻比。升力的作用是使舵产生舵力转船力矩,阻力的作用是降低运动速度。

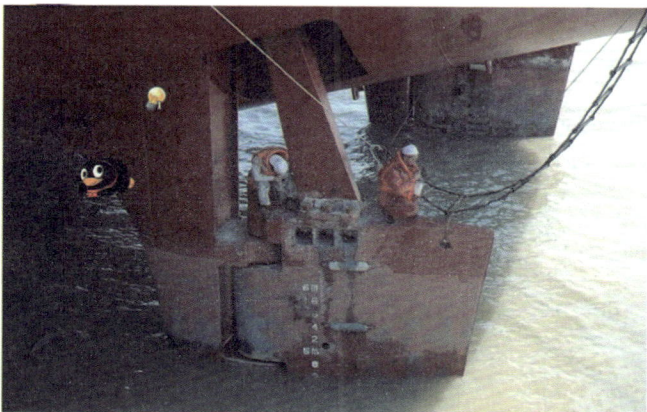

图3-2-5　舵的实景图

三、侧推器在游艇操纵中的作用

（一）侧推器的工作原理

侧推器安装在船首（首侧推）或船尾（尾侧推）,由电动机带动螺旋桨产生横向力,进而产生转船力矩。其速度一般为2~3档,在驾驶台用手柄进行控制。

（二）侧推器在游艇操纵中的应用

侧推器的作用是靠离码头时协控游艇的横移和游艇低速航行时调整航向,倒车时抑制艇首的偏转。它的作用与游艇速度有关,艇速越小,其作用越大,随着艇速的增加,其作用逐渐降低。

侧推器主要用于游艇在狭水道中航行、靠离码头或者调头时,通过传统的舵设备操作困难或无法操作时,它就成为游艇操纵的优良工具,也常用于恶劣环境中的游艇操作。侧推器在用于靠离码头作业时,有非常好的效果,使游艇在靠离码头时能够更加安全。但是侧推器亦非万能,比如当艇速大于5 kn时,侧推器的偏向力几乎没有作用。侧推器在航速4 kn以下工作效果明显。艇速越高,作用效果越差(图3-2-6)。

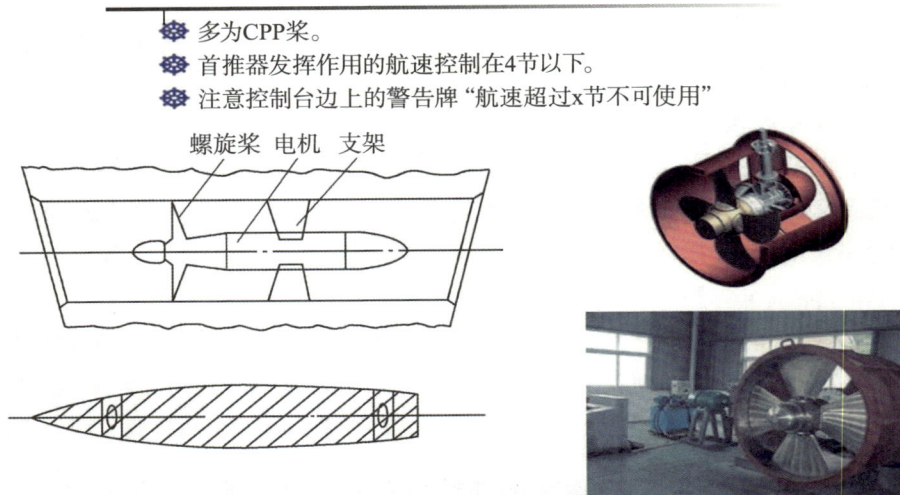

❀ 多为CPP桨。
❀ 首推器发挥作用的航速控制在4节以下。
❀ 注意控制台边上的警告牌"航速超过x节不可使用"

图3-2-6　侧推器的示意图和实景图

四、双车船的操纵特性以及注意事项

(一)双车船的类型

双螺旋桨船俗称双车船(图3-2-7,图3-2-8)。双车船可分为外旋式和内旋式两种,固定螺距螺旋桨(FPP)双车船多为外旋式安装,可变螺距螺旋桨(CPP)双车船多为内旋式安装。

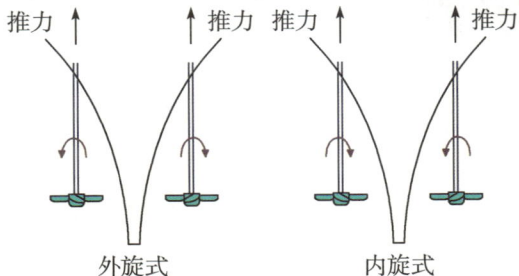

图3-2-7　双车船示意图

图3-2-8　双车船实景图

(二)双车船操纵的特性

1. 双车船充分发挥了螺旋桨横向力在操纵中的效用,有助于游艇的旋回。

2. 当双车船的两车以同样转速同时进车或倒车时,它们所产生的横向力互相抵消,基本不发生偏转。

3. 当双车船两车的转速或旋转方向不同时，一方面因两车推力大小、方向不同，自然形成转船力矩；另一方面，螺旋桨的各偏转横向力与上述转船力矩方向一致。因此，只要双车配合得当，再加上舵的转船作用，几乎可使游艇在原地调头。

4. 为帮助游艇回转，操纵时往往采取一车进另一车倒的方式，这时，如两舷排出流没有进行良好的分割，则可能产生相互作用，使他舷螺旋桨流被部分地吸入、附近水流复杂化、舵效变差，影响转船效果，尤其是在驶于浅水域时此类现象将明显加剧。因此，往往先利用一舷螺旋桨工作产生转头力矩，再开出另一车，协助转头，这样实际效果会比较好。双车船优于单车船，主要体现在操纵性能好、应急能力强、推进效率高。

五、无舵叶游艇的操纵特性以及注意事项

（一）无舵叶游艇

部分型号的游艇被设计为无舵，靠改变动力的推力方向而转向，这样的游艇被称为无舵叶游艇。

（二）无舵叶游艇的类型

1. 舷内外机：这种艇可以通过转动舷外传动部分来改变推力方向，从而改变航向。

2. 舷外机：这种艇转动舷外挂机即可转向。人力直接操纵手柄的左右推拉即可改变航向。但需要注意推拉的方向与转船方向正好相反。如向左拉手柄，船头向右转向；反之亦然（图3-2-9）。

3. 喷射推进：这种艇直接转动喷射口，从而改变航向。水上摩托可以在瞬间提速，贴水面飞行每小时达60 km以上。但是这种类型的艇因为没有倒车系统，所以在靠岸时只能依靠减速或熄火滑行（图3-2-10）。

图3-2-9　舷外挂机水上摩托艇　　　　　图3-2-10　喷射推进水上摩托艇

任务三 外界因素对游艇操纵的影响

任务内容

一、风对游艇操纵的影响

1. 游艇在操纵过程中受风的影响远比其他船舶大, 主要是由于它船身轻、吃水浅、受风面积大, 尤其在游艇慢速时受风影响更大。

2. 水流对游艇操纵的影响有以下几个方面。

(1) 风对游艇操纵的影响取决于风的大小、风向和风动力中心的位置。风动力中心的位置对操纵有决定性的影响。因为风力的影响决定于游艇水面上受风面积的前后分布状况, 即上层建筑集中在艇身的中部和前部的, 风动力中心便作用于艇中的前面; 上层建筑在艇尾部分较大的, 风动力中心则偏于艇中的后面。

(2) 风作用于艇体水面以上部分, 引起游艇横向漂移, 使相对水流也向偏移一侧移动, 产生一个水动力。由于水动力中心与风动力中心在艇长方向不在同一垂线上, 使艇产生转动力偶矩而偏转。

(3) 若水动力中心在风动力中心之前, 艇将迎风转向; 反之则顺风转向。对上层建筑物集中在艇首的游艇, 则表现有艇首顺风转向的特点, 需向上风压舵。

(4) 风从舷侧吹来, 由于风力作用在水面以上的艇体部分, 因此与水面下的水动力构成一个力偶引起游艇横倾, 还使游艇向下风漂移, 与原航线产生一漂移距离, 因此必须进行航向修正。

(5) 风的影响除了使游艇偏转、横倾、漂移外, 也会增减游艇航速。此外游艇在倒航时有艇尾迎风的现象。

二、流对游艇操纵的影响

1. 水流直接作用于游艇艇体水下部分, 促使游艇向下流方向漂移。水流对游艇操纵的影响是多方面的, 这些影响有一定的规律性。

2. 水流对游艇操纵的影响有以下几个方面。

(1) 水流对航速和冲程的影响。逆流航行, 实际航速等于静水航速减流速, 冲程较小; 顺水航行则相反。

(2) 水流对舵效和游艇旋回的影响。在车速和流速相同的条件下, 逆流前进, 游艇转向效果较好, 旋回时, 其旋回进距和旋回初径比静水时小; 顺水前进, 船舶转向效果较差, 旋回时, 其旋回进距和旋回初径较静水时大。

(3) 水流对船舶漂移影响与风的情况近似。游艇受到流压后, 必向下流移动, 当航向与流向成一交角时, 流压使游艇偏离原航向漂移, 交角越大, 漂移的速度就越快。

（4）流速和流向对游艇操纵的影响。在直航道中，通常中间是主流，水深流急；两侧是缓流，水浅流缓。转向时可利用主缓流的流压差来操纵游艇，即逆流时自缓流转向主流，顺流时则宜自主流转向缓流。

（5）在弯曲航道中，主流在凹岸，缓流在凸岸，流压冲向凹岸，故游艇过弯时，必须利用主缓流的特点，掌握好转向时机。

（6）游艇顺流航行时应充分利用流速，提高航速，因此航路选择尽量在主流位置，少做折线航行，减少用舵次数和降低船舶阻力。

三、浅水对游艇操纵的影响

（一）浅水对船速的影响

游艇在浅水中会有下列现象：艇体下沉、纵倾增大、兴波增强、流速加快（相对流速）等现象，浅水也会导致艇速下降。

（二）浅水对艇体下沉和纵倾变化的影响

1.游艇在海上航行，艇体周围由静水压变为动水压，则会导致艇体浮态的变化。

2.对于中低速艇，在航行时会呈现首倾现象。

3.对于高速艇，速度较大，游艇航行时，随着艇速的提高，首下沉量达到最大值后，开始呈现上浮。而尾下沉量先是增大，达到最大值后逐渐减小，艇体会呈现尾倾现象。

4.在浅水中，低速时艇体就开始下沉，此时首倾比深水中大。水深越小，达到最大首倾的艇速越低。

（三）浅水对操纵性的影响

1.游艇在浅水中，附加转动惯量和水动力矩都随着水深的变浅而增大。

2.游艇在浅水中阻尼力矩比深水中大，游艇不易转动，或转动之后不易控制。

四、狭窄水道效应、船吸效应和岸壁效应对游艇操纵的影响

（一）狭水道中游艇保向操纵

1.狭水道的定义：该水道相对水深较浅或水道相对宽度较小，因而对通过该水域的船舶带来影响的水域。

2.狭水道的特点：航道狭窄、水深频变，航道弯曲、灯浮较多，潮流湍急、流向多变，航区复杂、障碍物多，船舶密集、往来频繁。

3.狭水道航行需注意事项：在狭水道中航行时，必须随时掌握本船船位，以防误入险区以及造成不必要的会船。为了达到这一目的，需要采用正确的导航方法和避险方法。

（1）注意掌握狭水道内水流流向、流速的变化以及风对操船的影响，正确掌握风流压差。

（2）如果船艇通航密度大且障碍航物多，应及早备车，以便随时控制艇速，根据有关航行规则正确避让。

（3）能见度不良，如雾航时，除了开启雷达、加强瞭望外，还应减速行驶。

（4）驶过浅水区时应连续测深，保证足够的富余水深并尽量选高潮通过，必要时

应降速行驶以减小船艇下沉量。

（5）近岸侧航行应减速，防止浪损及艇首向深水侧偏转。

（6）接近岸壁，向岸壁方向压一舵角；航道中央，降速用舵；海底倾斜，向浅水一舷用舵。

（二）船吸效应

1. 船吸效应：由于两船之间水流和压力的关系而形成了两船间的吸拢，也称船间效应。在追越过程中，应采取措施预防两船间的船间效应。

2. 追越时的船间效应：

（1）在两船追越过程中，如两船间距太近，船速相差不大，前船易出现内转，与后船船艉发生触碰。

（2）当两船相重叠部分为船长的2/3~3/4时，将出现危险的转头运动。

3. 追越中船间效应的预防措施：

（1）选择平直、通航密度小的航段进行，避免在狭窄弯段或浅滩处追越。

（2）追越前须用VHF或声号征得被追越船的同意。

（3）被追越船同意追越，应尽量让出航道、减速至能维持舵效的速度；追越船应加车，加大两船间距，以便加大两船间的速度差，减小两船平行的时间。

（4）深水中快速追越时，两船间距至少保持大船的一倍船长之和；港内低速追越时，两船间距至少保持一倍船宽，但为安全考虑，最好能保持大船的一倍船长。

（5）一旦相互作用明显且有碰撞危险时，则追越船应减速、停车或倒车，并用舵制止偏转；被追越船应适当加车以提高舵效，抵制偏转。

4. 对驶时的船间效应：

在两船会遇过程中，船艏或船尾出现较显著的偏转。

5. 对驶中船间效应的预防措施：

（1）应避免在复杂航段会船。

（2）对驶前应减速慢行，尽量保持两船间距大于大船的船长。

（3）待两船艏相平时，切忌用大舵角抑制船艏外转，否则将导致船艏进入对方船中部低压区时加速内转而引起碰撞。正确措施是适当加车以增加舵效，稳定船艏向，减少通过时间。

6. 影响船间效应的因素：

（1）船间距影响船间效应。船间作用力和船间作用力矩与间距均成反比。

（2）船速影响船间效应。船速快，兴波激烈，相互作用增加，船间作用力及力矩增大。

（3）影响船间效应。对驶局面持续时间短，船间效应作用影响小；追越局面持续时间长，船间效应作用影响大。

（4）船长影响船间效应。小船受影响大。

（5）水深影响船间效应。浅水中比深水中船间效应大。

（三）岸壁效应

1. 岸壁效应的概念：当游艇在狭水道中航行时，如果一舷靠岸距离太近，该舷相对流速的加快，将受到岸壁一侧横向力的作用，这个横向力称为"岸吸力"，简称为岸吸现象；同时，如果岸吸力不是作用在游艇的重心处，则艇艏还受到推离岸壁的力矩的作用，该力矩称为"岸推力矩"，简称岸推现象。岸吸现象和岸推现象合称为"岸壁效应"。

2. 岸壁效应与下列因素有关：

（1）靠岸越近，效应越大，过于靠近，难以保向；

（2）航道越窄，效应越大；

（3）艇速越高，效应越大；

（4）水深越浅，效应越明显；

（5）船型越肥大，效应越明显，超大型游艇较一般游艇保向舵角要大。

任务四　游艇在拥挤水域及靠离泊操纵

任　务　内　容

一、游艇在拥挤水域（绕标）操纵

1. 绕标是游艇模仿在拥挤的航道中航行的一种方法，也称为"蛇航"。一般情况下操纵方法为（以70 ft游艇为例）：当艇艏与第一浮标齐平时，向浮标所在舷立即转舵，而且用舵角度要大，当艇艏到达两浮标连线位置时，开始回舵；当驾驶台到达两浮标连线时迅速向另一舷大角度转舵，前行并根据情况适当回舵。待艇艏与第二浮标齐

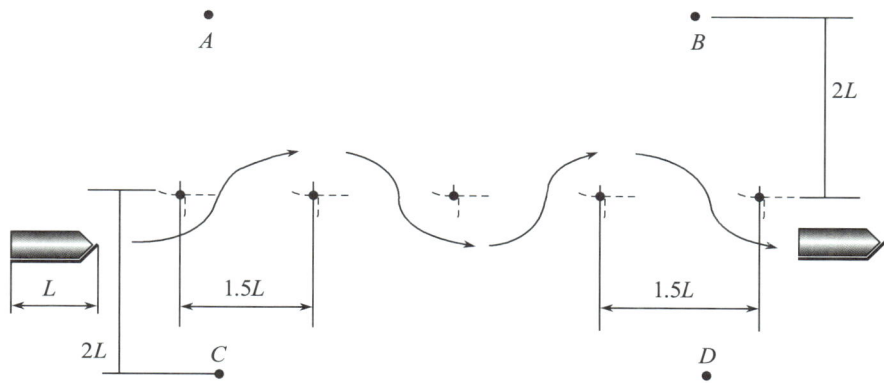

图3-4-1　游艇绕标示意图

平时,向第二浮标所在舷大角度转舵,当艇艏到达两浮标连线位置时,开始回舵;当驾驶台到达两浮标连线时迅速向另一舷大角度转舵。紧接着重复上述动作,完成全部绕标动作(图3-4-1)。

2. 游艇绕标注意要点:

(1)游艇必须在A,B连线和C,D连线的范围内航行,贴近标杆做S形绕行,不能做Z形穿行;

(2)转舵要快,回舵也要快;

(3)适当控制速度,速度太慢和太快都会造成碰标或越标。

二、游艇靠、离码头操纵以及注意事项

1. 游艇靠码头操作方法:小角度游移驶靠、平移驶靠、抛开锚驶靠、大角度驶靠等;游艇离码头常用操作方法:小角度驶离、利用坐缆扬头驶离、绞锚驶离和利用首倒缆开尾倒车驶离等。驾驶人员在靠离泊操纵,为了抑制船速,发挥舵效常采用停车与进车交替操作。游艇常采用小角度游移驶靠和平移驶靠法,抛开锚驶靠法比较少用。

2. 游艇靠、离码头时应注意以下事项。

(1)应根据码头附近的水流、风向、风力和周围环境的情况,确定靠岸、离岸、泊岸的操作方法。

(2)游艇游移驶靠码头时要根据流速大小、本艇冲距、倒车制动能力情况来保持适当离岸距离,减速停车,游移驶靠法最佳要领是慢速保舵效,小角度平行靠。

(3)密切注意码头附近往来船只的动态,以及码头上前后已停靠的船舶情况,防止发生碰撞。

(4)即将驶靠码头时,先鸣放两长声汽笛,警告过往船只,并通知码头工作人员准备接缆和指挥靠泊位置。

(5)游艇离码头时,通常先让艇尾偏离码头,避免车叶扫到码头、损坏螺旋桨,同时应注意提前将周围情况弄清,尤其是注意艇周围有无妨碍,然后才能动车,切忌盲目草率行事。

三、常用游艇驶靠方法以及操作要点

1. 小角度游移驶靠(图3-4-2):采用小角度游移驶靠的适用条件是码头附近水流平缓,风力弱,码头下方水域宽敞。

操作要点:首先在码头下方摆好艇位,使艇首尾线与码头外缘几乎平行,或形成不大于30°的小角度,缓缓向码头接近,故亦称为游移驶靠。估计游艇停车后,前进惯性消失,正好到达泊位,随即适时停车,艇抵码头泊位系上首尾各缆,驶靠即告完成。此操作方法的用车用舵次数少,操作简便。

2. 平移驶靠:平移驶靠的适用条件是泊位前后有他船停靠,有一定流速,风力较弱。

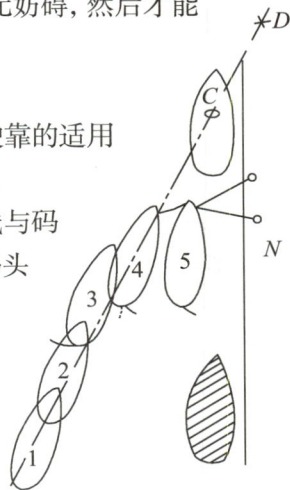

图3-4-2 小角度游移驶靠码头示意图

操作要点：慢车驶往码头泊位正横外侧，摆好艇位，控制前进余势，使之既不前进也不后退。然后向码头一侧操舵，即操内舵，开适当进车，使船艏尾线与流向成一交角，在水流推压艇体的作用力和艇前进推力两者形成的合力作用下，使艇横向移动，向码头靠拢。如果横移过快，可操舵调顺艇身，然后再做横移，如此交替，最终使艇平稳靠拢码头。尤其应注意所操舵角大小适当，使艇与流向形成适当交角而造成横移，开进车应快慢合适，使艇既不前进又不后退，与水流平衡并产生舵效，是良好运用此操作方法的关键所在。

3. 大角度驶靠：大角度驶靠的适用条件是，码头附近流速缓和或呈静水状态，泊位前后已有他船停靠，或有强吹开风。

操作要点：把艇位摆成对向码头泊位前端，成“丁”字形，微速缓缓让艇身接近码头，先系上首倒缆打紧，适当增加车速，操外舵，使艇身向码头甩拢。应注意进车由小逐渐增大，务必使首倒缆带力而不致崩断。最后艇身全部靠拢码头，再系上其他各缆（图3–4–3、图3–4–4）。

四、常用游艇驶离方法以及操作要点

扬头驶离操作方法是较常见的驶离码头的方法，只要泊位前方水域宽敞，即可运用。

操作要点：备妥车后，解去各缆，开微速进车，稍用外舵（向码头外操舵），使艇身扬出一小角度（以不大于30°为宜，故亦称小角度驶离）即回舵，稳定航向稍用进车，防止大角度转向使艇身扫码头，待艇身已无碍，不会再扫触码头时，再转舵驶入航路。如扬头较困难，可甩出一根坐缆，以获得额外的转船力矩，使艇首转出。解开坐缆时须特别注意，切勿丢入水中，以防缠住车舵（图3–4–5）。

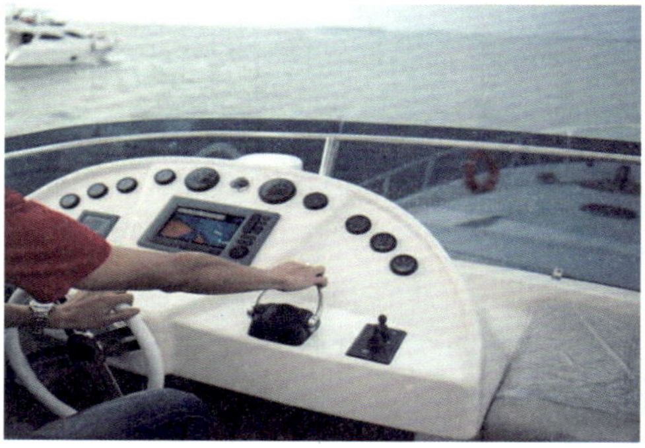

图3–4–3　游艇操纵图

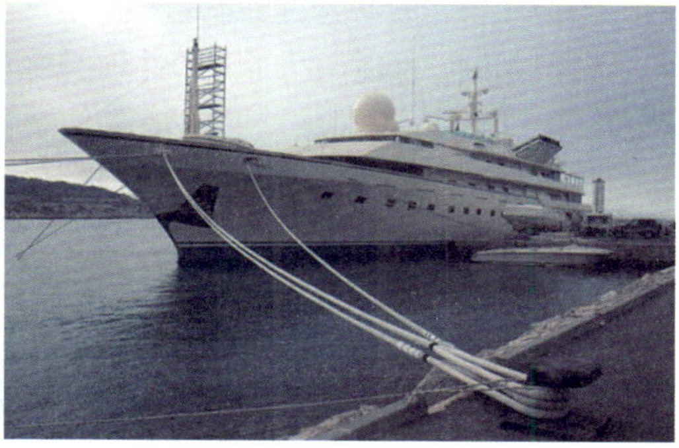

图3–4–4　游艇系泊图

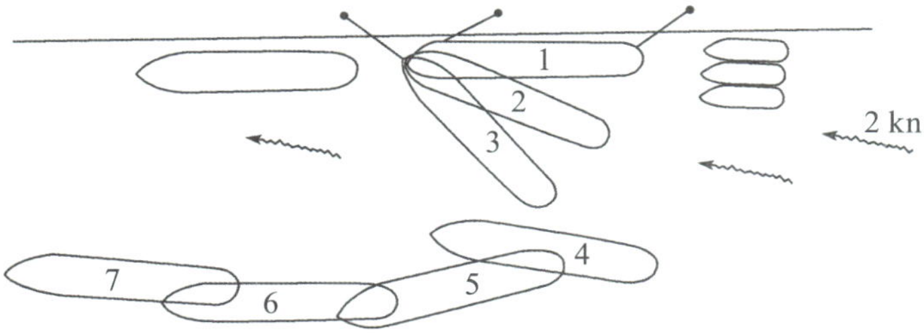

图3–4–5　扬头驶离码头示意图

任务五　游艇锚泊要领以及帆缆索具的使用

任务内容

一、游艇锚泊操纵方法与要领以及注意事项

1. 锚除了可使游艇稳妥地停泊在锚地外，还可发挥以下作用。

（1）紧急制动：采用抛锚以抑止船艇的前冲，常在开出倒车的同时，辅以抛下首锚来使船艇紧急停止前进。

（2）控制横移：游艇驶靠码头时，常采用抛开锚，以控制艇向码头横向移动，抛倒开锚，可以控制前移速度。

（3）帮助掉头：在狭窄水域进行掉头，如果水深及河床底质适宜抛锚，常可采用抛锚掉头的操作方法，使船艇顺利地掉过头来。

（4）抑制偏转：当船艇需要进行较长距离的后退时，为保证船艇能做直线运动，在河床底质许可的情况下，可抛下首锚到底立即刹住锚链，形成拖锚并达到抑制艇艏偏转的目的。

（5）协助脱浅：船艇搁浅后，常可采用小艇运锚至远处（逆风、流方向）抛下后，绞收锚索使船艇脱浅。

2. 游艇锚泊操纵应注意的事项。

（1）以顶流和顶风为原则，并保持抛锚的安全余速，即保持缓慢前进或后退速度。

（2）左右锚要轮流使用，如果锚链长久存放在锚链舱内，容易生锈变脆，会缩短锚链的使用寿命。

（3）风浪大时锚泊，船艇底下要有足够水深，以防船艇在风浪中触底。在浅水中抛锚应防止锚碰艇底部，更不宜采用航进抛锚法。当艇底下水深少于1 m时，不要采取应急抛锚停船办法，避免伤及艇底。

（4）保持抛锚的安全余速。抛锚的余速就是指船艇在抛锚前的实际速度（船艇在水中速度+流速），控制好余速，避免锚链刹不住或锚卡底无法拖动而造成损毁事故。

（5）锚地有许多锚泊船艇时，宜在其他锚泊船的下风抛锚，如需顺流调头，宜在他船的下流抛锚调头。

3. 游艇抛锚原则和抛锚应注意的要点。

（1）游艇一般应配备的锚链长度为艇长的4倍，如以40 ft游艇为例，锚链约50 m。正常抛出的锚链长度应是水深的3~4倍，当河底底质比较差或遇大风浪时，应适当加

长，所以选择水深一般不超过10 m的水域，进行抛锚作业较为妥当。

（2）抛锚方法先启动锚机，解止链器（锁），按下开关，将锚抛下，应等锚机送出锚链至锚触底。然后艇身慢慢后退使锚爪带上力，再缓缓松链或送出全部所需锚链。

（3）由于深湖湖底资料不够清楚，往往遇到倾斜度大、凹凸多、底质差等情况，应尽量避免在深湖中抛锚，而且不要过分相信测深仪所显示水深，因为测量点和抛锚点不在同一点，水深可能有较大出入。

二、游艇帆缆索具的使用

游艇和帆船上有帆布作业、绳索作业、绳结作业、帆缆插接作业、帆缆滑车组穿绳作业等。

在帆船时代，掌握帆缆作业是水手的基本技能。帆缆作业关系到帆船驶风操作的安全，并且也反映出船上的艺术装饰水平。机动船兴起后，帆缆作业范围逐渐减小，但水手仍须掌握其中某些基本技能才能适应航海的需要。

任务六　大风浪中游艇的操纵

任务内容

一、游艇在航行中遇大风浪，应根据当时的海面状况来进行操作

（一）顶浪航行

驾驶人员应注意为了减轻波浪的冲击，可适当降低航速，但以保持有足够的舵效为限；或可采用快慢车交替使用的措施，使航向避免与波浪正交；也可采取偏浪航行，以降低波浪、流浪对艇体的损害。偏浪航行时船舶一般采用左、右两舷轮换受浪。偏浪航行是船舶的航向与风浪的方向成20°～40°角，斜着波浪传播的方向行驶的方法。

（二）顺浪航行

在顺浪航行中，为减轻尾后来风浪引起的偏转，常用加大车速，避免波浪冲击船尾或淹没船尾以提高舵效。

（三）横浪航行

波浪从一舷翻滚到另一舷，使艇产生横摇，是较为危险的情况，当艇的横摇周期与波浪周期相接近时，对游艇危害更大，甚至有倾覆的危险，应避免在大风浪中做横向航行。如在水库、湖泊可采取斜浪航行或"之"字航行的方法。

（四）风浪中的掉头

遇到大风浪，不能冒险航行，应及时选择避风锚地避风。一般航道，上风岸浪

小，缓流区浪小。因此掉头时应尽量驶往缓流区域，要迎风掉头，应先减速，主要是选择开始转向时机，再加车掉头。

（五）在大风浪中航行还应注意做好以下安全措施

1. 将所有船舱盖板、通风口、舷窗、水密门、人孔、锚链舱全部封闭盖好，防止浪水灌入。

2. 调整燃料舱、水舱、消除自由液面，防止由于自由液面给游艇造成更大的倾覆作用。

3. 甲板上排水孔、排水管要保证排水通畅。

4. 甲板上的活动器具、设备、物品应加以固定。

任务七 游艇应急操纵

任务内容

一、人员落水时的操纵方法

（一）人员刚落水时的紧急处置

1. 发现者应在落水人员处投下救生圈、自发烟雾信号，夜间应抛下带自亮灯浮救生圈。

2. 停车并向落水者一舷操满舵，摆开船尾，以免船尾和螺旋桨打到落水者。

3. 发出人员落水警报，进入人员落水应急部署。

4. 派专人携带望远镜登高瞭望，不断报告落水者的方向。

5. 运用适合当时情况的操纵方法，操纵游艇从下风侧驶近落水者，并准备救助（图3-7-1）。

（二）驶近落水者的操船方法

人员落水后，应根据当时的情况操纵游艇，驶近落水者，以便救助。驶近落水者的操船方法（单旋回法，图3-7-2）：

图3-7-1　驾驶游艇正在营救落水者

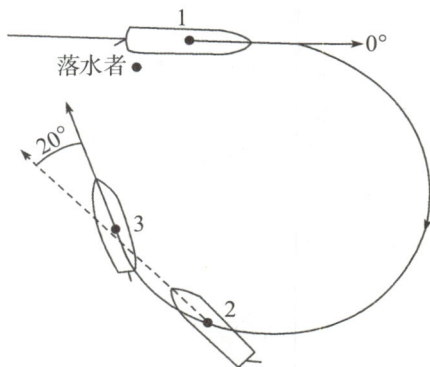

图3-7-2　用单旋回法驶近落水者

1. 向落水者一舷操满舵;

2. 距落水者方位尚剩20°舷角时,操正舵并紧急停车;

3. 如果落水者难于发现,则应在改向250°时回正舵,一边停船一边努力寻找落水者。

4. 救捞落水人员时,游艇应向落水人员舷侧转向。

二、游艇进水时的应急措施

1. 如果航行中游艇进水应尽可能使游艇停住,消除前进或后退的惯性以减少进水量,关闭破洞舱室前后的水密装置。如果被他船碰撞破损进水,当各项堵漏器材准备妥当后,方可同意对方船倒车脱出。

2. 当船艇不是两舷同时受损的情况下,应尽可能操纵船艇使其破损的部位处于下风侧。

3. 查明漏损情况。迅速测定破洞的位置、大小及进水情况进行堵漏。

4. 保证水密和排水。当破损部位确定后,应立即关闭破洞四周的水密门窗,并通知艇上其他人员全力排水。

三、游艇碰撞事故的预防以及碰撞后的应急措施

1. 由于游艇的大型化和高航速,如果在航行中两船发生碰撞,其后果是灾难性的。因此,游艇在海上航行,在任何时候均应用视觉、听觉以及适合当时环境和情况的一切有效手段保持正规的瞭望,以便对局面和碰撞危险做出充分的估计,并及早采取大幅度的避让行动,避免紧迫局面的形成。

2. 游艇发生碰撞后,应及时判明当时的情况、采取应急操船措施、实施应变部署、根据所判定的情况决定下一步的措施。

3. 为迅速而冷静地判明损坏程度和部位,除了现场检查外,还可根据两船艇的大小、碰撞前的相对速度、碰撞角度的大小、碰撞的部位、风流的方向和海面波浪的情况等估计损坏的程度。

4. 在远离海岸的大海上发生碰撞时,由于两船艇以全速行驶,碰撞的后果往往相当严重,游艇被撞艇体会遭受严重的损伤,甚至导致游艇大量进水而沉没。在狭水道中航行,由于两艇速度的差异,在追越的过程中长时间并行,如操纵不当会引起船艇间作用而导致碰撞,往往造成艇体的损伤。在海上如果与漂流物发生碰撞,碰撞处往往在艇首及其水线附近。

5. 如果两艇发生碰撞后,为使本艇能与对方艇体靠紧以减少进水量和防止滑出,有时可互用缆绳系住,并配合用车,保持顶住对方破洞的姿态。如果情况紧急而附近又有浅滩,经对方同意后,可顶向浅水处搁浅。

6. 游艇碰撞受损后,如需继续航行,操纵应十分谨慎,并做到以下行为。

(1)减速航行,密切注意进水的变化情况。

(2)游艇应靠近岸边航行。

(3)密切注意气象变化,风力增大应立即选择避风,不能继续航行。

(4)应与附近海岸电台及公司保持密切联系,必要时请求援助。

(5) 保护好损伤部位, 尽量使之处于下风侧, 经常针对风浪来向调整航向和航速。

(6) 风浪大时尽量减少艇身的摇摆, 无法继续航行时可考虑利用海锚以及撒油镇浪。

四、游艇火灾时的应急措施和采取的灭火行动

1. 游艇发生火灾或爆炸后, 应立即采取下列措施。

(1) 立即发出消防警报, 通报艇上人员并立即进行灭火。

(2) 迅速了解火源的地点、火势及其来源。

(3) 根据火源地点, 按风的相对方向适当地操纵游艇, 使火源处于下风。即火在船尾, 迎风行驶; 火在船首, 顺风行驶; 火在船中附近, 旁风行驶。如有可能, 则应尽量降低艇速和减小艇身的摇摆, 避免急剧转向, 以免加剧火势。

2. 采取下列的灭火行动。

(1) 立即切断通往火灾现场的油路、电源等。

(2) 将发生火灾舱室中的所有门窗、通风口、通道等全部关闭, 阻止空气流通, 避免火势扩大。

(3) 根据火灾的性质, 使用适当的灭火器材和设备。利用注水或灌水灭火时, 应注意游艇的浮力、稳性和横倾情况, 及时排水。

(4) 防止灾情的扩大, 受火势威胁的舱室, 应将易燃、易爆物品和危险品移开, 并使隔舱壁降温。

(5) 灭火后不要急于打开舱室, 防止复燃。

(6) 确认灭火措施无效且游艇毁灭已经不可避免时, 可以弃艇。近岸航行时也可以抢滩, 但应尽快做好人命救助和其他应急措施。

(7) 及时将火灾事故的全部情况通报给海岸电台和有关方面, 必要时请求救助。

图3-7-3　消防船正在扑救失火的游艇

结合资讯内容的学习, 综合运用所学知识, 对以下问题进行分析解答。

任务训练一: 什么是游艇的倒车冲程, 影响倒车冲程的因素有哪些?

任务训练二: 试述影响游艇操纵性能的因素。

任务训练三: 试述舵效的概念, 以及影响舵效的因素。

任务训练四: 简述游艇的靠泊操纵要领及其注意事项。

任务训练五: 简述游艇大风浪中的操作方法及其注意事项。

任务训练六: 当游艇发生碰撞时, 碰撞后应采取哪些正确的应急操船措施?

任务训练

情境四　游艇避碰

任务内容

一、瞭望

（一）瞭望的定义、适用范围及瞭望过失的主要表现

1. 定义：《1972年国际海上避碰规则》规定：每一船在任何时候都应使用视觉、听觉以及适合当时环境和情况的一切有效手段保持正规的瞭望，以便对局面和碰撞危险做出充分的估计。

2. 瞭望的适用范围：任何船舶在航或锚泊、搁浅时，大船或小船，任何种类的船舶。一般来说，瞭望条款不适用于系岸的船舶，但STCW公约对系岸船舶的值班制度提出了具体规定和要求。

3. "瞭望"过失主要表现在：

（1）未发现来船；

（2）发现来船太晚，来不及进行判断；

（3）发现了来船，但未进行连续观察；

（4）对局面估计不足等。

（二）瞭望的目的

对当时的局面做出充分的估计。当时的局面：船舶所处的环境、情况、本船的条件限制等，包括对当时水域环境的估计、对当时能见度的估计、对当时船舶通航密度的估计、对本船操纵性能的估计、对当时的碰撞危险做出充分的估计。碰撞危险指潜在碰撞可能及一切不安全因素。

瞭望内容包括根据号灯、号型判断来船的大小、种类及动态，并保证本船的号灯、号型显示正确；守听VHF收集来自他船和VTS机构的信息；确定来船方位、距离的变化等。

（三）瞭望的重要性

瞭望是确保海上安全航行的首要因素。瞭望是决定安全航速，判断避碰危险，采取避碰行动的前提。

"规则"把瞭望条款置于"驾驶和航行规则"的首要位置，显见其重要性。STCW

公约对"瞭望"又提出了具体规定和要求。从以往的碰撞事故统计结果来看,无人瞭望或未能保持正规瞭望是导致碰撞事故发生的重要原因或主要原因。从以往的碰撞事故法院判例来看,绝大部分当事船舶几乎都被法官指责为犯有不同程度的瞭望过失。

(四)瞭望的手段

视觉:最基本的,也是最重要的手段,其优点是简易,直观,迅速,准确。

听觉:也是一种最基本的瞭望手段,但其应用范围要小,在浓雾中,其优越性可能高于视觉瞭望。

适合当时环境和情况的一切有效手段:通常指雷达,望远镜,VHF等手段。

二、安全航速

(一)安全航速与地方限速

1. 安全航速定义:每一船舶在任何时候应用安全航速行驶,以便能采取适当且有效的避碰行动,并能在适合当时环境和情况的距离以内把船停住。

2. 地方限速与安全航速的关系:地方限速是主管机关根据当地水域的一些具体情况(水深,宽度,水文,气象,通航密度等)所做出的一种限制性的规定。地方限速在某种特定条件下可能是安全航速,但是当条件变化时,可能就不是安全航速。船舶不但要遵守地方限速还要考虑到规则关于安全航速的规定。

(二)安全航速时需考虑的因素

1. 能见度情况。

2. 通航密度,包括渔船或者任何其他船舶的密集程度。

3. 船舶的操纵性能,特别是在当时情况下的冲程和施回性能。

4. 夜间出现的背景亮光,诸如来自岸上的灯光或本船灯光的反向散射。

5. 风、浪和流的状况以及靠近航海危险物的情况。

6. 吃水与可用水深的关系。

7. 雷达情况。

三、碰撞危险的判断

(一)碰撞危险

1. 碰撞危险定义:每一船舶都应使用适合当时环境和情况的一切有效手段断定是否存在碰撞危险,如有任何怀疑,则应认为存在这种危险。如装有雷达设备并可使用的话,则应正确予以使用,包括远距离扫描,以便获得碰撞危险的早期警报,并对探测到的物标进行雷达标绘或与其相当的系统观察。不应当根据不充分的材料,特别是不充分雷达观测的材料做出推断。在断定是否存在碰撞危险时,考虑的因素中应包括下列各点。

(1)如果来船的罗经方位没有明显的变化,则认为存在这种危险。

(2)即使有明显的方位变化,有时也可能存在这种危险,特别是在驶近一艘很大的船或拖带船组时,或是在近距离驶近他船时。

2. 碰撞危险的适用范围:任一船舶(任何种类)在任何时候(包括在航和锚泊、

搁浅,无论进行何种作业或是否出于紧急状态)。

3. 不充分的资料包括:相对方位的估计、凭雾号获得、利用雷达两次测得数据进行标绘的资料、观测数据不准确和观测次数少。

(二)判断碰撞危险的方法

1. 罗经方位判断法(图4-1-1):是在能见度良好时判断碰撞危险的基本且常用的方法。

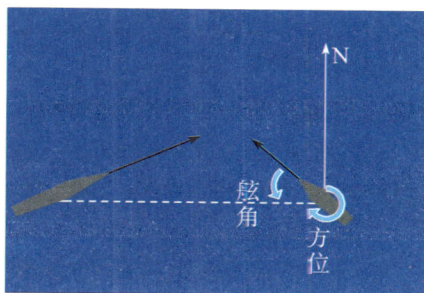

图4-1-1 罗经方位判断法

2. 雷达标绘法:是在能见度不良的水域中,判断碰撞危险有效的方法。

(三)在断定是否存在碰撞危险时需考虑的因素

1. 如果来船的罗经方位没有明显的变化,则应认为存在这种危险。

2. 即使有明显的方位变化,有时也可能存在这种危险。

例如,① 驶近一艘很大的船;② 驶近拖带船组时;③ 近距离驶近他船时;④ 来船正在作航向或航速的一连串小变动;⑤ 来船的航向不稳定。

四、避免碰撞的行动

1. 任何避免碰撞的行动,应根据本章各条规定采取,如当时环境许可,应是积极地、及早地进行。

2. 为避免碰撞而作的航向和(或)航速的任何变动,如当时环境许可,应大得足以使他船视觉或雷达观测时容易察觉到;应避免对航向和(或)航速做一连串的小变动。

3. 如有足够的水域,则单用转向可能是避免紧迫局面的最有效行动,只要这种行动是及时的、大幅度的,并且不致造成另一紧迫局面。

4. 为避免与他船碰撞而采取的行动,应能导致在安全的距离驶过。应仔细查核避让行动的有效性,直到最后驶过让清他船为止。

5. 如需为避免碰撞或留有更多的时间来估计局面,船舶应当减速或停车或倒转推进器把船停住。

6. 根据本规则任何规定,要求不得妨碍另一船通过或安全的船舶应根据当时环境的需要及早地采取行动以留出足够的水域供他船安全通过;如果在接近其他船舶致有碰撞危险时,被要求不得妨碍另一船通过或安全通过的船舶并不解除这一责任,且当采取行动时,应充分考虑到本章条款可能要求的行动;当两船相互接近致有碰撞危险时,其通过不得妨碍的船舶仍有完全遵守本章各条规定的责任。

五、船舶号灯、号型

(一)号灯、号型显示时间

1. 号灯的显示时间。

(1)能见度不良的白天应显示。

(2)任何能见度的夜间(日落到日出)应显示。

(3)能见度良好的白天,认为必要时,可显示。

（4）任何情况下的晨昏蒙影，应显示。

2. 号型的显示时间。

（1）任何能见度的白天，应显示。

（2）任何情况下的晨昏蒙影，应显示。

3. 号灯号型同时显示时间。

（1）晨昏蒙影，应显示。

（2）能见度不良的白天，应显示。

（3）能见度良好的白天，认为有必要时，可显示。

（二）游艇号灯（图4-1-2）

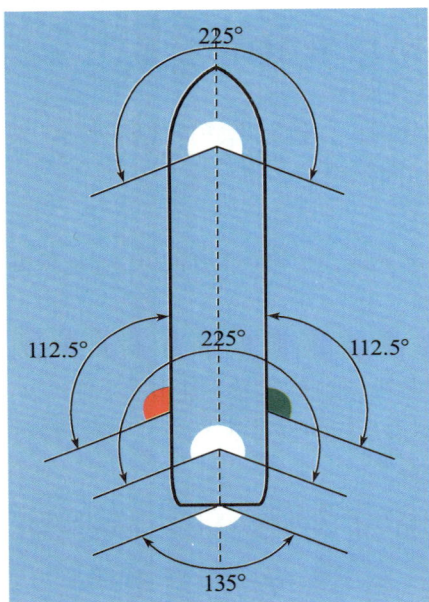

图4-1-2　号灯光弧

1. 桅灯是指安置在船的首尾中心线上方的白灯，在225°的水平弧内显示不间断的灯光，其装置要使灯光从船的正前方到每一舷正横后22.5°内显示。

2. 舷灯是指右舷的绿灯和左舷的红灯，各在112.5°的水平弧内显示不间断的灯光，其装置要使灯光从船的正前方到各自一舷的正横后22.5°内分别显示。长度小于20 m的船舶，其舷灯可以合并成一盏，装设于船的首尾中心线上。

3. 尾灯是指安置在尽可能接近船尾的白灯，在135°的水平弧内显示不间断的灯光，其装置要使灯光从船的正后方到每一舷67.5°内显示。

4. 拖带灯是指具有与尾灯相同特性的黄灯。需要时，它设置于尾灯的垂直上方。

5. 环照灯是指在360°的水平弧内显示不间断灯光的号灯。

6. 闪光灯是指每隔一定时间以每分钟120次或120次以上的频率闪光的号灯。

（三）在航游艇应显示的号灯

1. 在航机动船应显示的号灯见图4-1-3。

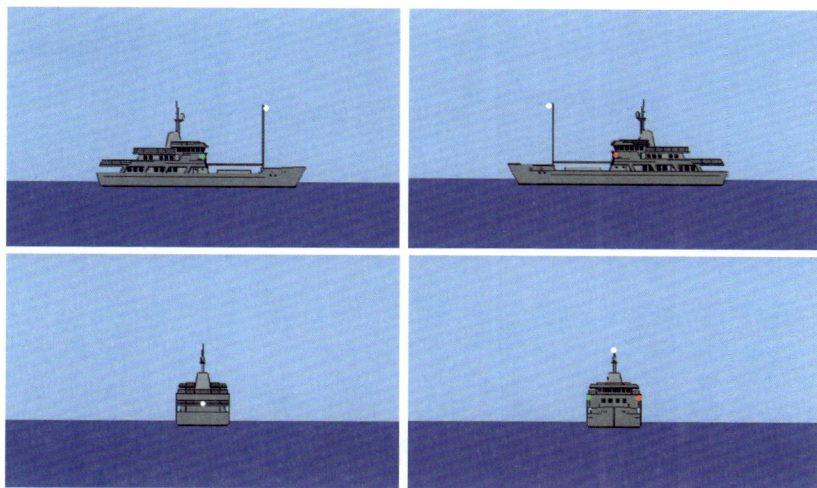

图4-1-3　航行灯（船长小于50 m）

（1）在前部一盏桅灯。

（2）第二盏桅灯，后于并高于前桅灯；长度小于50 m的船舶，不要求显示该桅灯，但可以这样做。

（3）两盏舷灯。

（4）一盏尾灯。

2. 长度小于12 m的机动船，可以显示一盏环照白灯和舷灯（图4-1-4）。

图4-1-4　航行灯（船长小于12 m）　　图4-1-5　航行灯（船长小于7 m）

3. 长度小于7 m且其最高速度不超过7 kn的机动船，可以显示一盏环照白灯以代替号灯，如可行也应显示舷灯（图4-1-5）。

任务训练

任务训练一： 地方限速是不是安全航速？

任务训练二： 游艇在什么情况下可以改变安全航速？

任务训练三： 游艇在青岛港附近航行，为了保证航行安全，可使用哪些瞭望手段？

任务训练四： 在航海模拟器变换两船航向、航速采取避碰行动。

任务训练五： 游艇在夜间航行，怎样正确开启航行灯？

任务训练六： 变换航向，看两船方位有无明显变化，判断是否存在碰撞危险。

任 务 内 容

一、追越

（一）追越

1. 定义：一船正从他船正横后大于22.5°的某一方向赶上他船时，即该船对其所追越的船所处的位置，在夜间只能看见被追越船的尾灯而不能看见它的任一舷灯时，应认为是在追越中（图4-2-1）。

任何船舶在追越任何他船时，均应给被追越船让路。

2. 当一船对其是否在追越他船有任何怀疑时，该船应假定是在追越，并应采取相应行动。

3. 随后两船间方位的任何改变，都不应把追越船作为本规则条款含义中所指的交叉相遇船，或者免除其让开被追越船的责任，直到最后驶过让清为止。

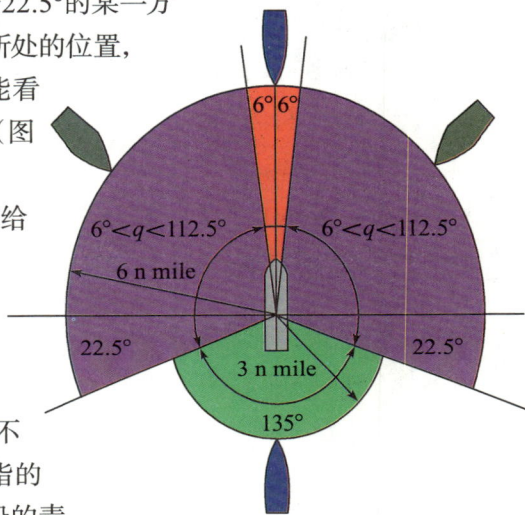

图4-2-1 避让局面

（二）构成追越的条件

1. 互见中。

2. 任何船舶。

3. 方位（正横后大于22.5°）。

4. 不以碰撞危险为依据。

5. 后船速度大于前船速度。

二、对遇局面

（一）对遇局面

1. 定义：当两艘机动船在相反的或接近相反的航向上相遇致有构成碰撞危险时，各应向右转向，从他船的左舷驶过（图4-2-2）。

2. 判断：当一船看见他船在正前方或接近正前方，并且在夜间能看见他船的前后桅灯成一直线或接近一直线和（或）两盏舷灯，为对遇局面；在白天能看到他船的上述相应形态时，则也应认为存在这样的局面；当一船对是否存在这样的局面有任何怀疑时,该船应假定确实存在这种局面,并应采取相应行动。

（二）构成对遇局面的条件

1. 互见中。

2. 两船同为机动船。

3. 航向（船艏向）相反或接近相反。

4. 构成碰撞危险之后。

5. 对局面怀疑时（不是对碰撞危险怀疑）,应认定为对遇。

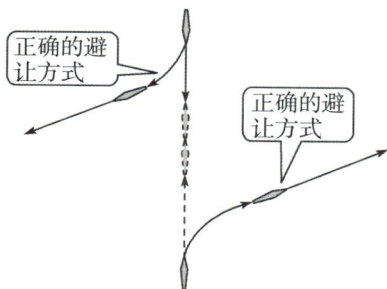

图4-2-2 对遇局面行动

（三）对遇局面的特点

1. 相对速度大,持续时间短。

2. 易和小角度交叉相混淆。

3. 两船负有同等避让责任（不存在让路船与直航船）。

（四）对遇局面避让行动

各应向右转向,从他船的左舷驶过（图4-2-2）。

三、交叉相遇局面

（一）交叉相遇局面

1. 概念:当两艘机动船交叉相遇构成碰撞危险时,有他船在本船右舷的船舶应给他船让路,如果当时环境许可,还应避免横越他船的前方（图4-2-3）。

2. 特殊情况:在弯曲狭水道中,循相反方向行驶的两艘机动船在互见中航向交叉相互驶近构成碰撞危险,应遵守狭水道条款,不适用"交叉相遇局面"互见中,一艘在狭水道（或通航分道）中行驶的机动船与另一穿越该狭水道（或通航分道）的机动船航向交叉相互驶近并致有构成碰撞危险,则适用交叉相遇局面条款。

（二）构成条件

1. 互见中。

2. 两船同为机动船。

3. 航向（船首向）交叉。

4. 构成碰撞危险之后。

（三）交叉相遇局面的种类及避让方法

1. 种类:小角度交叉、垂直交叉、大角度交叉。

2. 避让方法:如图4-2-3所示。

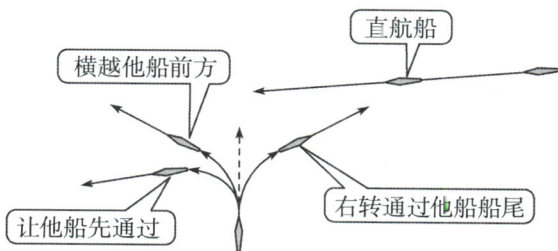

图4-2-3 交叉相遇局面避让行动

四、让路船、直航船的行动

（一）让路船的行动

须给他船让路的船舶,应尽可能及早地采取大幅度的行动,宽裕地让清他船。

（二）直航船的义务

1. 保向保速（是义务之一，直航船义务不限于"保速保向"）。

2. 查核让路船避让行动的有效性。

（三）直航船的行动

1. 发觉让路船违反本规则条款（紧迫局面），可独自采取行动，避免碰撞。

2. 发觉与让路船形成紧迫危险，应独自采取最有助于避碰的行动。

注意：如果让路船已按规则要求采取行动，直航船履行保向保速的义务不被解除。

五、能见度不良时的行动

（一）能见度不良时行动规则的适用范围

1. 在能见度不良的水域或在其附近航行时。

2. 不在互见中的船舶。

（二）避让行动

一船仅凭雷达观测到他船，并判定正在形成紧迫局面和（或）存在碰撞危险。

1. 转向：

（1）除被追越船外，应避免对正横前的船舶采取向左转向（即向右转向）；

（2）对正横或正横后的船舶，应避免朝着他转向。

2. 减速：正横附近（尤其距离较近时），把船停住或大幅度减速效果更明显（正横前亦可采取此措施）。

3. 航速减到维持其航向的最小速度：仅凭雾号判断他船在本船正横以前或与正横前的船舶形成紧迫局面。

4. 把船完全停住：必要时（形成紧迫危险）。

任务训练

任务训练一： 在航海模拟器上模拟两船动态进行有效避让。

任务训练二： 在航海模拟器上模拟两船动态进行有效避让。

任务训练三： 说出游艇处于追越、交叉、对遇相遇局面的避让行动。

任务三　操纵和警告信号识别

任务内容

一、互见中的行动声号

（一）一般定义

1. 号笛：指能够发出规定笛声并符合所载规格的任何声响信号器具。

2. 短声：指历时约1 s的笛声。

3. 长声：指历时4～6 s的笛声。

（二）配置

1. 长度为12 m或12 m以上的船舶，应配备一个号笛。

2. 长度为20 m或20 m以上的船舶，应配备一个号笛另加一个号钟。

3. 长度为100 m或100 m以上的船舶，应配备一个号笛、一个号钟，另应配有一面号锣。号锣的音调和声音不可与号钟的相混淆。

4. 长度小于12 m的船舶，不要求备有规则规定的声响信号器具。如不备有，则应配置能够鸣放有效声号的他种设备。

（三）行动声号

当船舶在互见中，在航机动船按本规则条款准许或要求进行操纵时，应用号笛发出下列声号表明之：

1. 一短声：表示"我船正在向右转向"；

2. 二短声：表示"我船正在向左转向"；

3. 三短声：表示"我船正在向后推进"；

4. 追越船：

———— ———— ———— ———— 　"我船企图从你船的右舷追越"

———— ———— ———— ———— 　"我船企图从你船的左舷追越"；

5. 被追越船：

———— ———— ———— 　"同意追越"

———— ———— ———— ———— 　"不同意追越"；

6. 船舶在驶近可能有其他船舶被居间障碍物遮蔽的水道或航道的弯头或地段时，应鸣放一长声。该声号应由弯头另一面或居间障碍物后方可能听到它的任何来船回答一长声。

二、能见度不良时的行动声号

（一）"雾号"的适用范围

1. 能见度不良的水域中或其附近。

2. 无论是否看见他船或发现他船。

3. 两船在能见度不良的水域中相互看见时，应继续鸣放"雾号"，并根据情况正确地鸣放"操纵"或"警告声号"。

（二）"雾号"鸣放

1. 机动船对水移动时，应以每次不超过2 min的间隔鸣放一长声。

2. 机动船在航但已停车，并且不对水移动时，应以每次不超过2 min的间隔连续鸣放二长声，二长声间的间隔约2 s。

3. 失去控制的船舶、操纵能力受到限制的船舶、限于吃水的船舶、帆船、从事捕鱼的船舶以及从事拖带或顶推他船的船舶，应以每次不超过2 min的间隔连续鸣放三声，即一长声继以二短声。

4. 一艘被拖船或者多艘被拖船的最后一艘，如配有船员，应以每次不超过2 min的间隔连续鸣放四声，即一长声继以三短声。当可行时，这种声号应在拖船鸣放声号之后立即鸣放。

5. 锚泊中的船舶，应以每次不超过1 min的间隔急敲号钟约5 s。长度为100 m或100 m以上的船舶，应在船的前部敲打号钟，并应在紧接钟声之后，在船的后部急敲号锣约5 s。此外，锚泊中的船舶，还可以连续鸣放三声，即一短、一长和一短声，以警告驶近的船舶注意本船位置和碰撞的可能性。

6. 搁浅的船舶应敲打（五）规定的钟号，如有要求，应加发该款规定的锣号。此外，还应在紧接急敲号钟之前和之后，分隔且清楚地敲打号钟三下。搁浅的船舶还可以鸣放合适的笛号。

7. 长度为12 m或12 m以上但小于20 m的船舶，不要求鸣放（五）、（六）规定的声号。但如不鸣放上述声号，则应鸣放他种有效的声号，每次间隔不超过2 min。

8. 长度小于12 m的船舶，不要求鸣放上述声号，但如不鸣放上述声号，则应以每次不超过2 min的间隔鸣放他种有效的声号。

9. 引航船当执行引航任务时，除（一）、（二）或（五）的声号外，还可以鸣放由四短声组成的识别声号。

任务训练

发出不同声号，让学生判断游艇动态。

情境五　游艇动力装置

任务一　游艇动力装置的种类及特点

任务内容

一、游艇动力装置介绍

游艇动力装置是为游艇正常营运而设置的设备，为游艇提供各种能量以保证游艇正常航行、人员正常生活和进行各种作业。游艇动力装置包括推进装置、辅助动力装置、其他辅机和设备等。

游艇推进装置是指能发出一定功率、经传动设备和轴系带动螺旋桨旋转，进而推动游艇航行并保证其以一定的航速航行的设备，它是游艇动力装置中最重要的组成部分。游艇推进装置主要由游艇发动机、传动设备、轴系和推进器等组成。

二、游艇动力装置分类

（一）按使用燃料分为柴油发动机、汽油发动机

柴油机是一种压缩发火的往复式内燃机，使用挥发性较差的柴油或劣质燃料油做燃料，缸内燃烧采用压缩发火的方式。汽油机使用挥发性较好的汽油为燃料，采用电火花塞点火的发火方式。

（二）按工作循环分为四冲程发动机、二冲程发动机

发动机每做功一次都要经过进气、压缩、燃烧、膨胀和排气五个过程，这五个工作过程每循环进行一次就称为一个工作循环。若发动机的一个工作循环需要活塞在气缸内上下运动四次（四个行程）、曲轴回转两周，这种发动机就称为四冲程机。若发动机的一个工作循环需要活塞在气缸内上下运动两次（四个行程）、曲轴回转一周，这种发动机就称为二冲程机。

三、四冲程柴油机的基本概念及特性

（一）四冲程柴油机的原理

四冲程柴油机的工作过程是一个复杂的过程，它是由进气、压缩、燃烧膨胀、排气四个行程组成。四个行程完成一个工作循环的柴油机称为四冲程柴油机（图5-1-1）。

1. 进气行程：活塞被曲轴带动由上止点向下止点移动，同时，进气门开启，排气门关闭。当活塞由上止点向下止点移动时，活塞上方的容积增大，气缸内的气体压力下

降，形成一定的真空度。由于进气门开启，气缸与进气管相通，空气被吸入气缸。当活塞移动到下止点时，气缸内充满了新鲜空气以及上一个工作循环未排出的废气。

2. 压缩行程：活塞由下止点移动到上止点，进、排气门关闭。曲轴在飞轮等惯性力的作用下带动旋转，通过连杆推动活塞向上移动，气缸内气体容积逐渐减小，气体被压缩，气缸内的空气压力与温度随之升高。

3. 燃烧膨胀行程：进、排气门同时关闭，喷油器向气缸内喷射柴油，混合气体剧烈燃烧。气缸内的温度、压力急剧上升，高温、高压气体推动活塞向下移动，通过连杆带动曲轴旋转。在发动机工作的四个行程中，只有在这个行程才实现热能转化为机械能。所以，这个行程又称为做功行程。

4. 排气行程：排气门打开，活塞从下止点移动到上止点，废气随着活塞的上行被排出气缸。由于排气系统有阻力，且燃烧室也占有一定的容积，所以在排气终了时，不可能将废气排净，这部分留下来的废气称为残余废气。残余废气不仅影响充气，对燃烧也有不良影响。

排气行程结束时，活塞又回到了上止点、也就完成了一个工作循环。随后，曲轴依靠飞轮转动的惯性作用仍继续旋转，开始下一个循环。如此周而复始，柴油机就不断地运转起来，如图5-1-1所示。四冲程柴油机完成一个工作循环，进、排气一次，凸轮轴转一圈（360°），曲轴转两圈（720°），曲轴与凸轮轴的转速比为2∶1。二冲程柴油机，完成一个工作循环，曲轴转一圈（二冲程柴油机的功率是四冲程柴油机的1.6～1.8倍），曲轴与凸轮轴的转速比为1∶1。

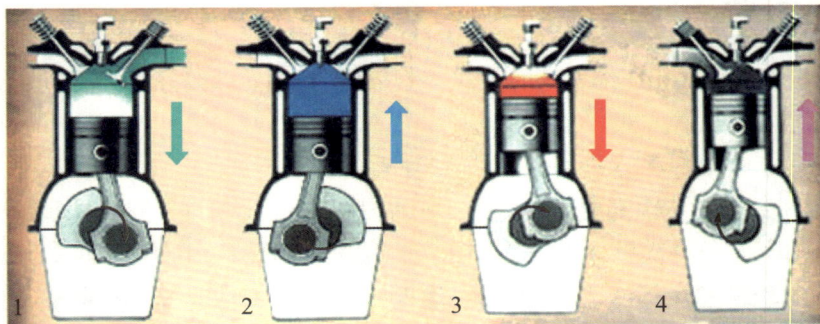

1. 进气行程；2. 压缩行程；3. 膨胀做功；4. 排气行程

图5-1-1　四冲程柴油机工作过程

（二）四冲程柴油机的特性

1. 柴油价格便宜，经济性好，故障少。

2. 柴油机的功率比汽油机功率大。

3. 柴油机的使用寿命相对较长，且操作费用相对较少。

4. 加速反应较慢。

5. 动能转化和加大扭力的能力强，比较适合推动重型船身及载重较大的船舶。

四冲程汽油机的工作原理和四冲程柴油机类似，都是每个工作循环曲轴转两周，每一行程曲轴转半周，且只有做功行程产生动力也有所不同，见表5-1-1。

表5-1-1　四冲程汽油机与四冲程柴油机的比较

汽油机	柴油机
汽油与空气缸外混合，进入可燃混合气	进入气缸的是纯空气
电火花点燃混合气	高温气体加热，柴油燃烧
有点火系统	无点火系统
无喷油器	有喷油器

四、二冲程汽油机的基本概念及特性

（一）二冲程汽油机的工作原理

1. 当活塞处于下止点时，如图5-1-2所示，排气孔和换气孔处于打开状态，燃烧后的气体由排气孔排出，同时，曲轴箱内的新鲜气体由换气孔进入气缸，这个过程称为换气过程。

2. 活塞上行一段后，关闭排气孔和换气孔，开始压缩气缸内的混合气体；活塞由下止点向上止点运动，依次完成排气、换气、压缩及进气，在到达上止点前某一刻，火花塞点火。

3. 当活塞即将到达上止点时，火花塞点火燃烧，准备燃烧做功。

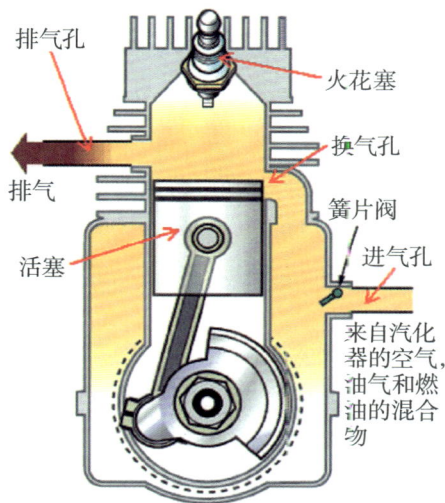

图5-1-2　二冲程汽油机的工作原理

4. 火花塞点火点燃混合气体后，推动活塞下行做功。因为活塞的下行，曲轴箱内的混合气体被压缩，按常规思路此时曲轴箱内的混合气体会排出，但是二冲程汽油机在进气孔前有一个单向的阀片，此时自动关闭，所以曲轴箱内的气体不会排出而被压缩，这个过程称为预压缩。

当活塞即将到达下止点时，排气孔打开，开始排气。同时曲轴箱内预压缩的混合气体经换气孔进入气缸，这个过程称为换气过程。到达下止点后，循环进入第一个冲程。

通过对二冲程汽油机的工作过程分析，发现发动机完成进气、压缩、做功、排气这一工作循环只需要两个冲程，所以称为二冲程发动机。

（二）二冲程汽油机的特性

1. 发动机的体积小、重量轻、噪声低、易检修。

2. 相对比较容易发动，因为汽油的燃点低、热效率低、热效能转化为动能的行程

短、动能容易转化为速度、加速敏捷、易于操控,适合推动船身及载重轻的小船。

五、艇内机与艇外机的基本概念及特性

按照安装类型发动机可分为舷内机、舷内外机、舷外机,如图5-1-3所示。

舷内机　　　　　　　舷内外机　　　　　舷外机

图5-1-3　发动机的安装类型

1. 舷内机:发动机安装在船体内侧,这种安装方式多见于型号较大的游艇,会占用船体一定的内部空间。

2. 舷内外机:发动机安装在船舷之内,而传动装置固定在艇尾板或者艇底板上。这种安装类型的发动机称为舷内外机,多为中小型游艇所采用。

3. 舷外机:也称舷外挂机,是挂在艇尾上直接驱动游艇的集成推进装置,多为摩托艇和快艇所采用。

六、喷射推进

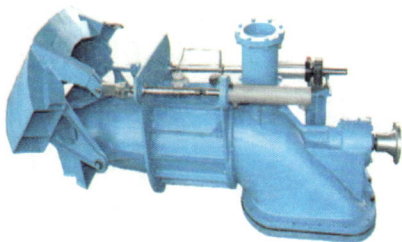

图5-1-4　ZLB32喷水推进装置

水力反作用式推进器(图5-1-4),用安装于船内的水泵自船底吸水,经喷管向后喷射受到水的反作用力而产生推力。其机械部分装于船内,得到良好保护。喷管方向可变,便于船舶操纵。但因喷管直径受限制,管路及水泵效率不高,所以整个系统效率较低。又因水泵及喷管中有水会增加船舶重量,所以很少使用。

任务训练

简述四冲程汽油发动机的工作原理。

任务二　游艇动力装置的运行管理

任务内容

一、开航前的准备工作要点及注意事项

开航前做好充分的准备工作,使游艇动力装置处于随时可启动和运转的状态。游艇平稳地停在泊位时是进行检查工作的最佳时机。每次出发前,多几分钟的检查会让航行事半功倍。准备工作要点和注意事项如下。

1. 检查燃油、滑油是否足够。

2. 将电瓶导线牢固地接好。

注意:如未连接电瓶便运行发动机,电路系统会受损。

3. 利用液压微调及升降装置,将发动机置于运行位置并锁紧。

注意:发动机离开水面开动,因没有水冷却,水泵及发动机会受损。

4. 确定启动注油阀杆放在运行位置。

注意:有压力的燃油箱接上发动机,在启动注油阀杆放在手启动位置时,燃油会从化油器空气入口漏出。

5. 将燃油管接在燃油/机油管接头的大油嘴上。

6. 如汽油箱盖配有通气螺丝,把螺丝松开。将出油管倾斜向上,挤压注油球手泵直至感到有压力为止。若船只燃油系统已配备电动注油泵,可开动此泵注油约20 s。

7. 将夹插在紧急停机开关上,将绳索系在驾驶员衣服上。

8. 使操纵手柄处于空挡位置,如图5-2-1所示。

图5-2-1　游艇操纵盒

注意:在空挡位置时,转速不可超过2 500 r/min;长时间在空挡时,不可超过1 500 r/min。

9. 确认螺旋桨及周围清爽。

二、运行中的工作要点及注意事项

操作人员在运行管理中,要注意发动机的运行状况,使发动机及其装置的各种技术参数处于正常范围。运行中的要点和注意事项如下。

1. 检查冷却水是否从上方的出水口流出,如发现冷却水不能喷出,应关掉发动机,清理入水口及水泵指示器,重新启动发动机并慢速运行。

2. 观察驾驶台上反映发动机工作参数的各个仪表读数,例如发动机转速表、机油压力表、温度表(润滑油温度不超过85℃)、冷却水压力表和温度表等。一旦发现异常,应减速至停机,检查设备情况。

3. 留意设备工作声音,一旦发生异响,应减速,检查异响声音来源并做相应处置。

三、到港后的工作要点及注意事项

到港后应注意发动机各系统的工作状态参数的变化,并及时调整。

1. 急速数分钟后停机。

2. 关闭油箱阀门。

3. 关闭海底阀阀门(长期停泊的尤为重要)。

4. 关闭各航行仪器及电源总开关,检查维护蓄电池。

5. 冬天要放尽发动机内存水。

四、游艇动力装置的安全操作及航行中的应急处置

在游艇发动机的管理上要特别注意滑油和冷却水温度,不能忽高忽低,要保持稳定,否则会影响发动机的工作性能并增大受热机件的应力。

在游艇起航和加速的过程中,不要突然加大油门,应随艇速的不断增加逐渐将油门加大,以免发动机超负荷。在进行倒车操纵时,为了避免装置超负荷,如遇转速禁区,操纵手柄应迅速越过,防止机器发生强烈震动。

五、游艇动力装置的日常检查与保养

发动机是游艇的心脏,要对舷外机等游艇发动机做好日常的检查和适时保养。保养的依据是产品的说明书。不得在尚未熟悉正确维修和安全操作规程的情况下就贸然进行修理或维护保养。检查和维护保养项目分为使用前、使用后、长期不使用三种情况。

(一)使用之前注意事项

1. 检查应急熄火拉绳开关是否可使发动机熄火停机。

2. 外观检查燃油系统是否老化变质或漏油。

3. 检查舷外机是否已可靠地固定在艇艉板上。

4. 检查操舵系统是否缠结,零部件有无松动。

5. 外观检查操舵连动杆的紧固件是否可靠紧固。

6. 检查螺旋桨叶片有无损坏。

(二)使用之后注意事项

1. 使用后应立即用淡水冲洗、抹干。用淡水冲洗冷却水道,防止沉淀物阻塞。把那些可能会生锈的表面喷上防锈漆。

2. 定期检查发动机内润滑油的油量和质量。

3. 定期检查发动机冷却液的状态。

4. 定期用肥皂水清洗发动机,然后涂上一层汽车蜡。

5. 在海水或咸淡水中使用时,应增加防腐蚀阳极块来保护船及机器,阳极块余下部分小于原尺寸2/3时,需更换。

6. 船底情况能直接影响船只的速度。船底长满海洋生物会降低船速。为确保最高效能,应定期清洗船底,保持船底表面清洁。

7. 按照说明书的要求及时更换发动机汽油过滤器、空气过滤器、润滑油、齿轮箱润滑油等。通常情况下,第一次更换发动机汽油过滤器的时间是启动后20 h,以后每200 h更换一次;第100 h换一次机油;每200 h换一次齿轮箱润滑油;每200 h更换一次空气过滤器;燃料过滤器每年应更换一次。

8. 蓄电池维护。游艇上蓄电池电压为12 V,电解液比重为1.30左右。游艇上的蓄电池一般都是免维护的,但仍需要一些方法来增加蓄电池的效力与使用寿命。保持蓄电池充满电,定期清洁蓄电池接头及接线束,每月至少进行一次外观检查,检查蓄电池电缆是否与接线端可靠连接;每三个月利用液体比重计或伏特计检查电解液比重、电量,若比重低于1.225或电压低于12.4 V,则需给蓄电池充电。

(三)长期不使用时的保养

1. 用清水清洗发动机外表并彻底冲洗冷却水系统。让水完全排空。用油质抹布擦掉所有表面水。

2. 从燃油管线、燃油旋塞和汽化器中排出所有燃油并清理包括燃油旋塞内的筛网等零件。

3. 拆开汽化器,去除内部所有的尘土并用汽油和压缩空气对其进行清理。

4. 在螺旋桨轴上涂抹润滑油脂。

5. 更换齿轮箱中的齿轮油。

6. 在所有滑动零件、螺栓和螺母上涂抹润滑油脂。

7. 用干抹布擦掉电器零件上所有的水和盐分。

8. 将船外发动机垂直放置在干燥通风的地方。

9. 长时间不用,应在把冷却系统内的水完全排出后,把艇放于合适的位置或艇机架上。存放时,不可将齿轮箱放置于高过机头的位置,否则剩余的水留在废气套内能倒流入汽缸导致严重损坏。

六、游艇动力装置(舷外机)的常见故障及排除方法

(一)启动马达不能启动发动机

故障原因:

1. 启动保险丝烧断。

2. 舷外机操纵盒挡位未拨到空挡。

3. 蓄电池电力不足,或者电启动线路松动造成接触不良。

4. 点火钥匙开关有问题。

5. 启动马达或启动线圈有问题。注:用钥匙启动发动机时不要超过10 s,如连续启动发动机超过10 s,会导致起动马达受损。电力启动柴油机若连续4次启动失败,应在查出原因并解决后再行启动。

6. 其他电气线路连接有故障。

（二）舷外机发动机不能启动

故障原因：

1. 紧急熄火绳开关不在运行位置（即RUN的位置）。

2. 启动程序不正确。

3. 汽油质量不过关。

4. 舷外机发动机进水。

5. 火花塞过脏或损坏。

6. 点火系统部件损坏。

7. 燃油系统有问题，可能原因有燃油箱无油、燃油箱通气器未开或阻塞、燃油管脱开或扭结、忘记挤压启动注油用的橡皮球、启动注油用的橡皮球的止回阀有问题、燃油滤器阻塞、燃油泵故障、燃油箱滤器阻塞等。

（三）舷外机发动机运行不稳定

故障原因：

1. 火花塞（图5-2-2）过脏或损坏。应定期检查火花塞，在电极严重损耗、绝缘体破裂、严重污结情况下要更换。

图5-2-2　火花塞

2. 舷外机装配调节不当。

3. 燃油进入发动机受阻，可能原因有燃油滤清器阻塞、燃油管脱开或扭结、燃油箱滤器阻塞、防虹吸阀门被卡住、燃油泵故障、点火系统部件故障。

（四）舷外机发动机功率不足

故障原因：

1. 油门未开足。

2. 螺旋桨损坏或尺寸不当。

3. 发动机定时不准，装配调节不当。

4. 装甲车负载分布不均。

（五）发动机过度震动

故障原因：

1. 螺旋桨轴弯曲；

2. 螺旋桨弯曲、断裂、失修或受阻；

3. 发动机安装受损；

4. 操舵阻力螺丝过松；

5. 微调装置调节不当。

（六）舷外机转速低，舷外机转速只能达到3 900 r/min~4 200 r/min，很难超过4 500 r/min。发动机启动困难

故障原因：

1. 电动燃油泵如果长时间不工作容易生锈。

2. 使用100 h后, 导致过热。

3. 汽油与机油的质量及燃油的配比不理想。

（七）蓄电池不充电

故障原因:

1. 蓄电池连接线路松动造成接触不良。如果松动, 用手拧紧后再用扳手将接线端螺母拧紧1/4圈。

2. 蓄电池电解液液面过低。

3. 蓄电池陈旧或效率不高。

4. 电器附件使用蓄电池过度。

5. 交流发电机、整流器及调压器有故障。

（八）起翘继电器烧毁

故障原因:

起翘继电器开关属于易损件, 如果舷外机起翘到位后没有及时关闭就容易烧毁起翘继电器。

（九）电压调节器容易烧坏

故障原因:

发动机启动时, 瞬间电流过大, 对舷外机电气部件有不利影响, 电压调节器容易烧坏。

任务三　游艇的存放与保养

任 务 内 容

1. 游艇的机舱、起居间等重要场所要备有灭火器, 船舶所有人须每月检查灭火器一次, 确保灭火器处于正常使用状态。灭火器需存放在容易取放的位置。灭火器种类主要有手提便携式、泡沫或干粉、化学剂式。

2. 游艇上禁止存放易燃、易爆物品, 游艇所有人（或委托具有专业技能的人员）应定期检查所属游艇装配的救生设备、油电气管线、电气设备的状态及有效期, 及时排除安全、故障隐患。

3. 船体一般每周清洁一次, 或者是在需要的时候就进行清洁, 这个要根据游艇所在地的水质情况。清洁船体可以使用专门船用清洁液, 不过在使用时要留意产品说明, 因为有些清洁液可能对船底防止海洋生物附着的涂层有影响。

4. 游艇须配备带有盖子的、不渗漏的垃圾回收容器, 对艇上产生的固体残余物、废弃物, 进行回收处理。

5. 游艇生活垃圾,如浴室、卫生间、厨房产生的污水、食物残渣,禁止在近岸 5 n mile范围内倾倒、投弃,确需要倾倒、投弃的,需在禁止倾倒、投弃的范围外并以在航(航速不低于10 kn)形式进行。

6. 游艇机舱内有污水含油量大于10 mg/L的积水,禁止向海域倾倒,如需清理,需进行专门回收清理。

7. 游艇外部要定期清洗。游艇在巡航和停泊时,会沾染灰尘、鸟粪以及飞溅到游艇上的海水蒸发后留下的盐分的结晶层,这些物质对游艇表层胶衣有一定的破坏作用,所以每次使用完游艇后,都要用淡水进行清洗。如果长期不使用,至少也要每周清洗一次。

8. 游艇外部的不锈钢件,虽然被设计为海上使用,但由于海上环境较陆地恶劣,这些不锈钢件依然需要一个较好的蜡层的保护。不锈钢件应每60天或者在需要的时候上一次蜡。优质的蜡膜可以抵御海水的侵蚀,增加光泽度,减轻日后的保养负担。

情境六 游艇基本安全知识和水上生存技能

　　游艇在海上航行时,作为驾驶员有责任保护乘客的安全、避免事故的发生。一旦发生意外情况,驾驶员需全力救助,消除危险。因此,游艇操作人员应掌握一些应急操作的知识和技能。

　　救生设备、求生知识、求生意志是海上求生三要素,缺一不可。其中,救生设备是海上求生的第一要素。

任务一　游艇安全设备的正确使用

任 务 内 容

一、海上求生信号

　　游艇一旦在海上遇险,如果手机有信号,应立即拨打12395向海事搜救中心求救,或用VHF高频电话在16频道进行求救呼叫。

　　游艇按规定应配有一定数量的求生信号。船舶遇险时利用这些求生信号,可以显示出难船及救生艇筏的位置,以便引起周围船舶、飞机上人员的注意。海上求生信号主要有以下几种:红光降落伞信号、手持火焰信号、漂浮烟雾信号、橙色烟雾信号、日光信号镜。

　　在使用这些信号时,应特别注意:白天最好使用烟雾信号;夜间尽可能使用灯光火焰信号,容易被发现,而且只有当船舶、飞机出现在视线范围内时使用这些信号才能起到报警的作用。

二、救生设备的正确使用

（一）救生衣的正确使用

　　救生衣(图6-1-1)是游艇上最简便实用的救生工具,游艇上的人员每人配备一件,驾驶室每人增设一件。还应附加配备艇上总人数5%的救生衣,存放在甲板上明显易见处。救生衣穿着方便,能使落水者仰浮,保持面部、口和鼻高出水面而不致灌水。可以减少体力消耗,同时减少体热散失。

　　救生衣的穿着要领见图6-1-2。

　　第一步:拿到救生衣后首先进行检查,检查的项目主要有布料、反光膜、绳带、卡扣以及哨子(一般在救生衣的左侧)等是否完好。

第二步：调整好救生衣绳带，将救生衣穿在身上。

注意：反光膜应在身体外侧（有的救生衣正反都有反光膜，正反都可以穿）。

第三步：将所有卡扣（包括颈部的）卡好，调整绳带松紧，使救生衣紧贴在身上。

注意：如果是系带式的救生衣，所有的绳带应系平结。

第四步：检查救生衣的绳带是否系紧系牢，卡扣是否卡好，哨子是否处于可用状态。

图6-1-1　救生衣

图6-1-2　救生衣的正确穿戴演示图

图6-1-3　游艇用救生圈

（二）救生圈的正确使用

救生圈（图6-1-3）是为了救助落水人员，供落水人员攀扶待救的救生设备。它以塑料或经船检部门同意的其他材料制成环状型。制造救生圈的泡沫塑料是闭孔的，并不受海水及油类对它的不利影响，在海上温度或气候变化时，能保持其浮性及耐久性。船用救生圈的外表有帆布和扶手索，并印刷有船名和船籍港。

三、游艇防火和灭火

（一）游艇消防基础知识认知

游艇上发生任何火灾都会对游艇造成损害，一旦火灾蔓延还会造成人身伤亡。游艇结构的特殊性决定了游艇火灾固有的危险性。游艇结构紧凑、空间狭小，并装有燃料油和游艇正常营运所需的其他油料，一旦发生火灾，火情易蔓延、难控制，灭火较为困难。游艇在海上，一旦发生火灾，不易及时得到外援，灭火的任务往往只能由艇上人员独立承担。这就要求游艇操作人员不但要做好日常防火工作，还应进行有效的灭火训练，不断增强消防安全意识，提高防火、灭火的能力。每艘游艇都应配备必需的手提灭火器。

1.燃烧的实质、燃烧的三要素和燃烧类型。

(1)燃烧：可燃物质与氧或者其他氧化剂作用发生剧烈氧化反应，并瞬间放出大量的光和热。

(2)燃烧三要素：可燃物质(燃料)、助燃物质(氧化剂)、着火源(温度)。

空气中氧的含量约为21%，要维持燃烧，空气中含氧量至少要达到16%。但闷火只需要3%的氧气。燃烧时，如空气中的含氧量降至11%，一般物质的燃烧就会熄灭。

氧气也是人呼吸生存所必需的，当空气中氧含量降低到16%时，会对人体造成影响，下降至10%以下，人就会因缺氧晕倒直至死亡。

(3)燃烧的类型：闪燃、自燃、着火(点燃)、爆炸。

2.火灾分类及灭火方法。

(1)按照可燃物的不同，我们将常见火灾分成以下几种类型。

① 甲(A)类火：普通固体可燃物着火称为甲类火。扑灭此类火最适宜的灭火剂是水。

② 乙(B)类火：可燃液体或可溶的固体着火称为乙类火。扑灭乙类火，首先应切断可燃物质的来源，再采用泡沫灭火剂施救，也可采用二氧化碳和干粉等灭火剂来扑救。密度比水小的不溶于水的油类物质，会漂浮在水面上而使火灾扩散，因此，不能用水扑救。

③ 丙(C)类火：可燃气体着火称为丙类火。扑救此类火较为适宜的灭火剂是干粉。

④ 丁(D)类火：可燃金属着火称为丁类火。此类火灾不能用水和二氧化碳进行扑救，必须采用特殊的灭火剂(如金属型干粉7150或沙土)扑救。

⑤ 电气(E)火灾：电器及其设备的火灾称为电气火灾。其灭火的原则，应首先切断电源，断电后的电气火灾可以作为甲类火扑救。如无法断电，应采用不导电的干粉或二氧化碳等灭火剂加以扑救。

(2)灭火方法：根据可燃物质的燃烧原理，可以采取四种灭火的基本方法。

① 隔离法：将已燃物与未燃物隔离开，使可燃烧物质数量变少。

② 窒息法：采取措施，使燃烧物或燃烧区域减少或与空气隔离。

③ 冷却法：将水或灭火剂洒在着火物质上使其温度降至燃点以下。

④ 抑制法：使灭火剂参与化学反应，终止燃烧过程中的连锁反应。

3.游艇常用灭火器的使用：游艇配备的灭火器材以手提式灭火器为主，分二氧化碳、干粉和泡沫灭火器三种。

(1)手提式二氧化碳灭火器见图6-1-4。

图6-1-4
二氧化碳灭火器

① 使用方法：使用此种灭火器时，最好戴上手套，托住提把提至火场附近，尽量立于上风，距火场2 m左右（即相当于其射程的距离），拔出保险插销，调节好喷口。

将喷口对准火焰根部，按下压把，使二氧化碳灭火剂喷出，由近而远、左右摆动扫射，直到把火扑灭为止。扑救容器内液体火灾时，操作者应手持喷筒根部的手柄，从容器上部的一侧向容器内喷射，但注意不要使二氧化碳直接冲击到液面上，以免将可疑液体冲出容器而扩大火灾。

② 主要性能：以国产MTZ5型鸭嘴式灭火器为例，其主要技术性能为钢瓶内装二氧化碳5±0.2 kg，喷射时间小于45 s，射程为2~2.2 m，钢瓶容量为7±0.2 L。

③ 注意事项：a. 没戴防护手套时，不要用手直接握喷筒或金属管，以防冻伤。b. 在狭小的室内空间使用时，灭火后应迅速撤离，以防被二氧化碳窒息发生意外情况（二氧化碳能使人窒息，当空气中含量为5%时，人就会呼吸困难；超过10%时，会使人窒息而亡）。c. 灭火器在喷射过程中应始终保持直立状态，不可将灭火器颠倒使用。d. 二氧化碳灭火器不能存放在船员生活区域，以防泄露对人体造成伤害。

（2）手提式化学泡沫灭火器见图6-1-5。

① 使用方法：用手握住灭火器的提环，平稳、快捷地将灭火器提到现场。迅速扳起瓶盖机构，一手握住提环，另一手握住筒身的底边，将灭火器倒置，两种溶液相混产生化学反应而射出泡沫，将泡沫喷向火源，覆盖火焰。倒置时如能摇动筒身，以促使两种溶液更快相混，泡沫射程会更远，能提高灭火效果。扑救液体火灾时，要对准火场中的舱壁或物体的垂直面进行定点喷射，让泡沫借助反冲力向周围均匀流散，直至将燃烧液面全部盖住，使火与空气隔绝而熄灭。

② 注意事项：喷射泡沫时，筒盖和筒底不可对着人体，以防万一喷嘴堵塞而发生意外的爆裂伤人事故。

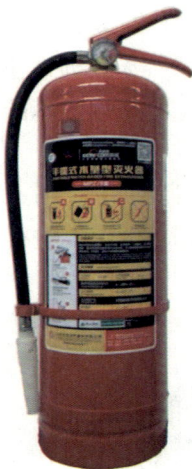

图6-1-5
化学泡沫灭火器

（3）手提式水成膜（轻水）泡沫灭火器：又名手提式水基型灭火器，它是将轻水泡沫灭火剂（即水成膜泡沫灭火剂）与压缩气体（氮气或压缩空气）同贮于灭火器筒体内，灭火剂由压缩气体的压力驱动而喷射出灭火。具有灭火速度快、灭火效率高、操作方便、可间隙喷射、抗复燃性能强、有效期长等特点。

使用方法：将灭火器竖直提至火场，拉出保险插销；压下释放手柄，打开驱动气瓶瓶头阀，驱动气体推动水成膜泡沫灭火剂由虹吸管压出。水成膜泡沫灭火器应对准火焰喷射，尽可能站在上风处施放。

（4）手提式干粉灭火器见图6-1-6。MF型手提式干粉灭火器的装粉量为2~8 kg，喷射距离为3~5 m，喷射时间为

图6-1-6
干粉灭火器

11~20 s。

使用方法：

① 将灭火器竖直提至火场，上下颠倒几次，拉出保险插销；

② 尽可能站在上风处，压下释放手柄，打开驱气瓶瓶头阀，驱动气体推动干粉由虹吸管喷出；

③ 使用干粉灭火器扑救可燃固体火灾时，应从火焰侧面对准火焰根部，水平左右扫射，由近及远快速向前推进，直至把火焰全部扑灭；

④ 扑救可燃液体火灾时，也应从侧面对准火焰根部左右扫射，且快速向前推进，直至将火全部扑灭；

⑤ 扑救容器内液体火灾时，应注意不要把喷嘴直接对准液面喷射，以免干粉气流的冲击使液体飞溅，引起火势扩大。

任务二　游艇人员急救常识

任务内容

一、心肺复苏术操作

心搏骤停一旦发生，如得不到及时的抢救，4~6 min就会造成患者脑部和其他人体重要器官组织的不可逆损害，因此心搏骤停后的心肺复苏（cardiopulmonary resuscitation, CPR）必须在现场立即进行。

心脏跳动停止者，应在4 min内实施初步的CPR，在8 min内由专业人员进一步进行抢救，恢复的可能性最大，因此时间就是生命，速度是关键，初步的CPR按CAB进行。

1. C（circulation）：建立有效的人工循环（胸外按压）。

建立有效的人工循环：检查心脏是否跳动，最简易、最可靠的是颈动脉。抢救者用2~3个手指放在患者气管与颈部肌肉间轻轻按压，时间不少于10 s。

如果患者停止心跳，抢救者应握紧拳头，拳眼向上，快速有力猛击患者胸骨正中下段一次。此举有可能使患者心脏复跳，如一次不成功可按上述要求再次扣击一次。如心脏不能复跳，就要通过胸外按压，使心脏和大血管中的血液产生流动。以维持心、脑等主要器官最低血液需要量。

胸外心脏按压部位：两乳头连线中点（胸骨中下1/3处），用左手掌跟紧贴病人的胸部。急救者两臂位于病人胸骨的正上方，两手重叠十指交叉，左手五指翘起，双肘关节伸直，利用上身重量垂直下压。对中等体重的成人下压深度应大于5 cm，而后迅速放松，解除压力，让胸廓自行复位。如此有节奏地反复进行，按压与放松时间大致相等，每分钟不低于100次。

2. A（airway）：保持呼吸顺畅（开放气道）。

保持呼吸顺畅：昏迷的病人常因舌后移而堵塞气道，所以心肺复苏的重要步骤是畅通气道。急救者以一手置于患者额部使头部后仰，并以另一手抬起后颈部或托起下颌，保持呼吸道通畅。对怀疑有颈部损伤者只能托举下颌而不能使头部后仰；若疑有气道异物，应从患者背部双手环抱于患者上腹部，用力、突击性挤压。

3. B（breathing）：口对口人工呼吸（人工呼吸）。

口对口人工呼吸：在保持患者仰头抬颏前提下，施救者用一手捏闭患者的鼻孔，然后深吸一大口气，迅速用力向患者口内吹气，然后放松鼻孔，照此每5 s反复一次，直到恢复自主呼吸。

每次吹气间隔1.5 s，在这个时间抢救者应自己深呼吸一次，以便继续口对口呼吸，直至专业抢救人员的到来。

（一）注意事项

1. 胸外心脏按压只能在患（伤）者心脏停止跳动下才能施行。

2. 胸外心脏按压的位置必须准确。不准确容易损伤其他器官。按压的力度要适宜，过大过猛容易使胸骨骨折，引起气胸血胸；按压的力度过轻，胸腔压力小，不足以推动血液循环。

3. 口对口吹气量不宜过大，一般不超过1 200 mL，胸廓稍起伏即可。吹气时间不宜过长，过长会引起急性胃扩张、胃胀气和呕吐。吹气过程要注意观察患（伤）者气道是否通畅，胸廓是否被吹起。

4. 口对口吹气和胸外心脏按压应同时进行，严格按按压和吹气的比例操作，吹气和按压的次数过多和过少均会影响复苏的成败。

5. 施行心肺复苏术时应将患（伤）者的衣扣及裤带解松，以免引起内脏损伤。

（二）心肺复苏有效的体征和终止抢救的指征

1. 观察颈动脉搏动，有效时每次按压后就可触到一次搏动。若停止按压后搏动停止，表明应继续进行按压。如停止按压后搏动继续存在，说明病人自主心搏已恢复，可以停止胸外心脏按压。

2. 若无自主呼吸，人工呼吸应继续进行，或自主呼吸很微弱时仍应坚持人工呼吸。

3. 复苏有效时，可见病人有眼球活动，口唇、脸色转红，甚至手脚活动；观察瞳孔时，可由大变小，并有对光反射。

4. 当有下列情况可考虑终止复苏：

① 心肺复苏持续30 min以上，仍无心搏及自主呼吸，现场又无进一步救治和送治条件，可考虑终止复苏；

② 脑死亡，如深度昏迷、瞳孔固定、角膜反射消失，将病人头向两侧转动，眼球原来位置不变等，如无进一步救治和送治条件，现场可考虑停止复苏；

③ 当现场危险威胁到抢救人员安全，或者医学专业人员确认病人死亡，无救治指征时。

（三）儿童应急

由于儿童的生理及发育等与成人不同，儿童与成人CPR的徒手操作有较大差异。可将儿童分为：出生28天内为新生儿、0~1岁为婴儿、1~8岁为儿童三个组。8岁以上儿童与成人徒手CPR基本相同。婴儿按压深度一般要求达到1~2 cm，约为胸廓厚度的1/3，可根据患者体型大小等情况灵活掌握，按压时可触到颈动脉搏动效果最为理想。

二、实操流程

1. 判断现场环境：左右观望，确认施救环境是否安全。

2. 判断患者意识：轻拍患者肩膀或按压人中，检查伤患有无意识，须注意患者有无颈椎受伤，不可剧烈摇晃。

3. 大声呼救：如确定患者意识不清，应立即求救，求救时指示必须明确；例如，这里有人溺水，患者无意识，请帮我拨打电话求救。

4. 解除衣物：打开患者胸部衣物，以便于寻找胸外心脏按压点，并解开患者腰带。

5. 施救位置：跪于患者肩部，施救者与患者肩部垂直。

6. 测脉搏：将食指及中指先摸到喉结处，再向外滑至同侧气管与颈部肌肉所形成的沟中，按压观察颈动脉5~10 s，确认患者有无脉搏，如无脉搏，立即实施胸外心脏按压30次。

7. 清除口腔异物：打开患者口腔，检查呼吸道中有无异物，如有异物，将患者头部偏向一侧，清除其口腔及呼吸道中的异物，如口香糖、假牙等。

8. 判断呼吸：脸颊靠近病人口鼻，眼睛注视患者胸部，观察3~5 s；要领：一听二看三感觉，"一听"是听患者有无呼吸音，"二看"是看患者胸部有无起伏，"三感觉"是感觉患者口鼻有无气流流出。

9. 吹气：如无呼吸，打开患者口腔，并将患者鼻子捏紧（以免从口部吹气时，由鼻腔漏气），口对口深吹两口气，每次吹气1.5~2 s，须注意患者胸部有无起伏，并等病人第一口气完全排出后再吹第二口。

10. 检查：在做完5个循环后（胸外心脏按压30次+口对口吹气2次为1个循环），需检查脉搏3~5 s；若无脉搏则继续心脏按压，以后每四次循环或3~5 min检查1次；若有脉搏则检查呼吸3~5 s，若有呼吸及将病人置于复苏姿势（脸偏向身体一侧），以避免呕吐物造成吸入性肺炎，若无呼吸则继续实施人工呼吸。

心肺复苏术有效判断：

① 触摸到规律的颈动脉搏动；

② 自主呼吸逐渐恢复；

③ 面色转红润；

④ 双侧瞳孔缩小，对光反射恢复；

⑤ 出现无意识挣扎动作、呻吟等。

11. 如患者已经恢复呼吸和心跳，则将患者衣物系好，等待进一步救援。

任务三　水上生存技能

任务内容

一、水中保持体温

落水者暴露在寒冷水中,如果缺乏必要的知识或者所采取措施不当,常会于数分钟之内出现过冷现象,发生低温昏迷,直至死亡。

（一）落水者体温散失的客观原因

1. 人体体表的隔热保温能力很差。

2. 水的导热速度很快,通常比空气导热快26倍。

（二）落水者机体反应

人体的正常身体温度(体热)一般保持在36~37℃(中心温度)。低于此温度就会产生一些不受主观意志所支配的机体反应。

1. 为了避免热量过分消耗,身体会收缩皮肤表面的血管,以减少热量从血管传到身体表面。

2. 为了使身体内产生较多的热量以弥补散失的热量,会出现寒战、发抖。但寒战在维持人体中心温度的同时却消耗掉人体大量的能量。

3. 当环境温度低于20℃时即使颤抖得再厉害,也无法维持中心温度。此时体温迅速下降。如继续浸泡就会出现致命的过冷现象。

（三）影响落水者体温下降速度的3个因素

人们要在低温水中求生并非毫无办法,实践证明落水者体温下降的速度取决于3个因素,即

1. 水温,落水者无法改变当时的水温(表6-3-1);

表6-3-1　不同水温中能生存的参考时间

水温	浸入水中可能存活的时间
<0℃	<15 min
<2℃	<45 min
2~4℃	<1.5 h
4~10℃	<3 h

（续表）

水温	浸入水中可能存活的时间
10～15℃	<6 h
15～20℃	<12 h
>20℃	不定（视疲劳情况而定）

2. 穿着的衣服，取决于落水者在弃船前的行动；

3. 自救方法，取决于落水者求生知识和技能的水平。

（四）过冷现象在不同阶段的症状表现

1. 当体温下降到35℃以下时，人就会"低温昏迷"。

2. 当体温下降到31℃以下时，人就会失去知觉。

3. 当体温下降到28℃以下时，出现血管硬化。

4. 当体温下降到24℃以下时，人体死亡。

二、延长水中生存时间

1. 弃船入水时，应多穿保暖防水的衣服；尽量将头、颈、手、脚遮护好，袖口、裤管口，腰带等扎紧。

2. 穿妥救生衣和保温救生服。

3. 尽可能不从5 m以上高度跳入冷水中，不得已时，应按正确姿态跳水，不应慌乱。

4. 入水后，应镇静，尽快搜寻并登上救生艇、筏或其他漂浮物以缩短浸水时间。

5. 在冷水中，落水者可能会猛烈颤抖甚至全身感到强烈疼痛，这仅是人体在冷水中一种本能的反应，没有死亡的危险。落水者不应做不必要的游泳，应尽可能地静止不动，使体温下降减缓。

6. 落水者在低温水中为了保存体温，应采取HELP（Heat Escape Lessening Posture，减少热量散失的姿势）姿势（图6-3-1），即两腿弯曲并拢，两肘紧贴身旁，两臂交叉抱在救生衣前面。

图6-3-1　HELP姿势

HELP姿势的优点：

（1）可最大限度地减少身体表面暴露在冷水中；

（2）能使头部、颈部尽量露出水面。

7. 禁止饮用含酒精的饮料，因它不仅不能帮助保持身体的温暖，反而会加速体温的散失。

8. 必须有求生获救的坚定信心和积极的思想状态。经验证明，有无求生的意志，会产生完全不同的效果。

三、海锚的使用

（一）海锚（图6-3-2）的作用

1. 保持艇首顶风顶浪，减少上浪，防止艇、筏翻覆。

2. 在非机动艇抢滩时，可使艇首迎浪、艇尾向岸划桨，使艇尾先着岸，以保证艇不被浪打横。

3. 减缓救生艇（筏）漂流速度，以保持在弃船附近，等待救援。

（二）海锚的施放和回收

1. 操舵，使艇首顶风顶浪。

2. 检查海锚及其绳索，将海锚末端系固在横座板上，并将海锚投入水中，使海锚索经过艇首舷樯的导缆钳逐渐松出。

3. 使海锚索绳张紧，而回收索绳保持松弛状态，若导缆钳处海锚索绳磨损过度，则应给予包扎。

4. 卸下舵柄或艇舵，并将舵桨穿过索环装在艇尾，为保证安全，亦可用它绳先将舵桨系牢，以防舵桨落入水中。舵桨装好后，则可利用舵桨保持艇首顶风顶浪状态，当海锚吃力后，即停止使用舵桨。

5. 回收海锚时只需要拉回收索，使海锚倒置，顶端朝艇即可省力地将其拉回（图6-3-3）。

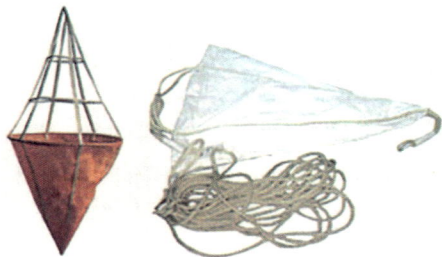

图6-3-2 海锚

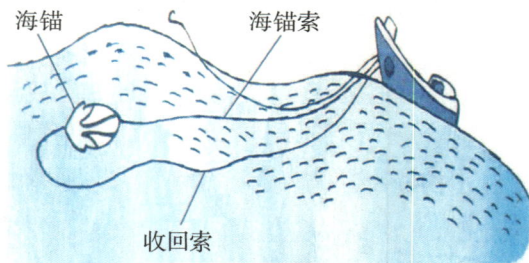

图6-3-3 海锚的使用

情境七 驶帆操作

任务一 帆船的基本认知

任务内容

一、帆船类型

帆船是一项乐趣无穷的运动，它依靠风和水这两种大自然的免费元素进行航行。帆船运动为渴望在航行中享受微风拂面的人提供了巨大价值。让我们一起来认识帆船吧!

（一）帆船的分类

1. 帆船概述：帆船是利用风力作用于帆上从而前进的船，是继舟、筏之后的一种古老的水上交通工具，已有5 000多年的历史。

帆船（英文表述：sailing boat, sailing ship）起源于居住在海河区域的古代人的水上交通运输工具。15世纪初期，中国明代郑和率领庞大船队7次出海，到达亚洲和非洲30多个国家，所使用的都为风力驱动的帆船。现代帆船运动始于荷兰，1662年英国举办了英国与荷兰之间的帆船比赛，1720年世界上第一家帆船俱乐部在爱尔兰成立，1896年帆船运动被列为首届奥运会比赛项目。

2. 帆船分类：帆船可以分为三大类。

第一类是稳向板船，其船体中部有槽，可以安放稳向板，稳向板根据需要可以上下移动。稳向板船船体较轻、设备简单、易于制造、驾驶灵活，可在浅水中航行，艇身长度一般为2~6 m，由1~2人进行操纵（图7-1-1）。

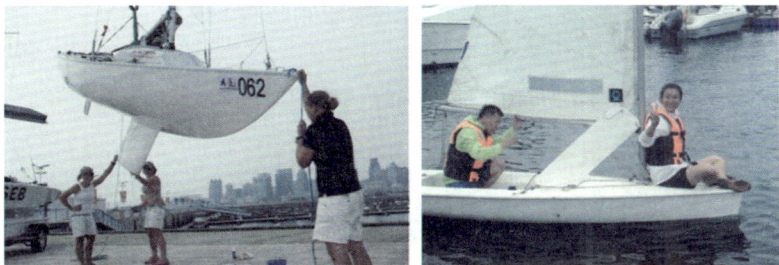

图7-1-1 稳向板船

第二类是龙骨船，其船体的中下部有一块突出的铁舵或铅舵，用以稳定船体，以减少船体的横移。龙骨船艇身相对较大，稳定性能好，帆力强，需在深水中驾驶。艇身长度一般都大于6 m，由4~6人进行操纵（图7-1-2）。

图7-1-2　龙骨船

第三类是多体船，包括2~3个船体，又分为双体船和三体船。双体船的两个船体由横梁或甲板连接；三体船则是一个主船体在两侧连接两个被称为"浮体"的小船体。多体船比单体船更加稳定，能有效防止船舶在航行时出现侧翻（图7-1-3）。

图7-1-3　多体船

小链接：国际帆联

国际帆船联合会（ISAF）简称国际帆联。1907年国际帆船联合会成立于巴黎，创始国是英国，国际帆联的正式用语为英语。

代表大会是国际帆联的最高权力机构，每4年召开一次，讨论国际帆联的有关工作。大会闭幕期间，由理事会行使代表大会的权力，理事会由联合会主席、6名副主席、30名以内的理事及4个专门委员会代表和无表决权的司库组成。执委会负责贯彻理事会的决定，处理日常事务。执委会由联合会主席、6名副主席和无表决权的司库组成。国际帆联的出版物有《帆联年鉴》《国际比赛规则》《国际规则解释》和《国际级帆船等级规程》等。

图7-1-4　国际帆联标志

中国帆船协会于1984年3月10日加入国际帆联。

（二）帆船的结构

帆船主要由船体及船体上的器材构成。

船体的前部称为船艏，船艏一般较尖；船体的后部称为船艉，船艉一般较宽，并有一个平而垂直的面；船的两侧称为舷，按船艉向船艏的视向，船的左侧称为左舷，船的右侧称为右舷；船艉用来控制帆船航行方向的装置称为船舵。

帆船船体之上的器材主要包括帆、桅杆和各种索具。帆船一般具有单帆或多帆。

多帆帆船比较常见，一般包括主帆和前三角形帆。帆船上的索具通常较多，包括连接索具如前支索、后支索、侧支索等，另外还有操作帆的索具即操作索具，主要包括主缭索、前缭索、主帆升降索、前角索、后角索、斜拉器等（图7-1-5、图7-1-6）。

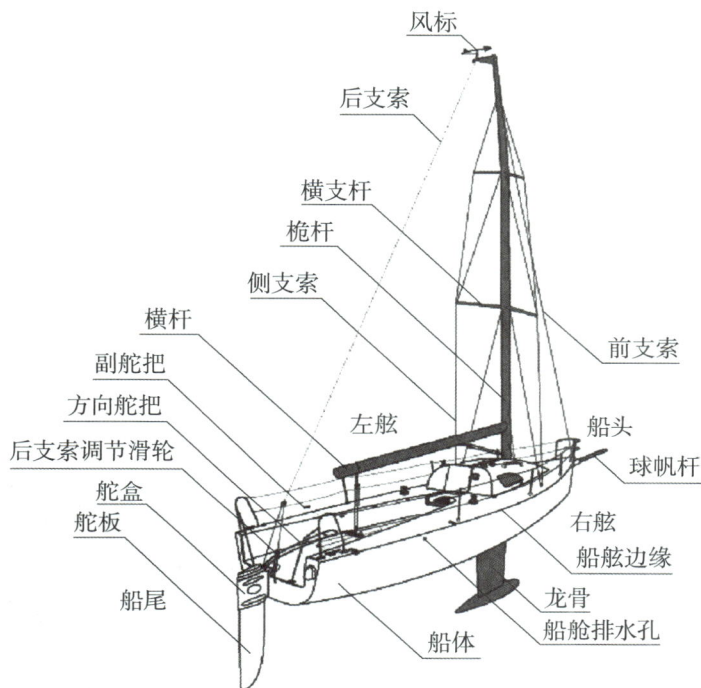

图7-1-5　帆船结构（一）

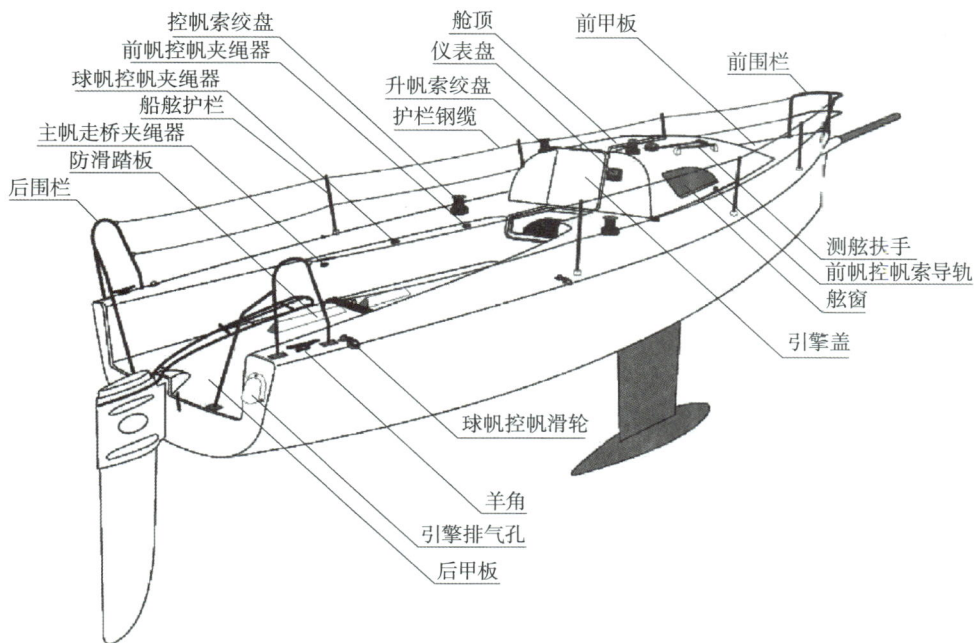

图7-1-6　帆船结构（二）

桅杆（Mast）：木质的长圆竿或金属柱，通常从船的龙骨或中板上垂直竖起，用来支撑船帆等。

主帆（Mainsail）：升在桅杆之后的帆。

前帆（Jib）：桅杆前面使用的帆。

前支索（Forestay）：由桅杆上部向前至船艏拉撑固定桅杆、并可将前帆扣上的钢索。

侧支索（Shrouds）：用来固定桅杆侧向的拉索，分为左侧支索及右侧支索。

控帆索（Sheet）：用来控制和操作帆的绳索，可放出或收紧及固定。

主帆索（Mainsheet）：控制主帆的绳索。

帆骨（Battens）：由帆后缘插入帆骨袋的扁条状物，可维持良好帆形。

帆桁（Boom）：伸长状，用来固定支撑主帆底部，通常也称横杆。

斜拉器（Boomvang）：把帆桁往下拉紧的索具，以防帆桁向上举起，可协助调整风帆。

索具中还包括绞盘、系缆角（夹绳器、羊角）等，另外还包括滑轮等一些小配件。绞盘用来固定和盘绕索具，系缆角用来加强固定索具（图7-1-7、图7-1-8、图7-1-9）。

图7-1-7　绞盘

图7-1-8　夹绳器

图7-1-9　羊角

小链接：奥运帆船赛事

1896年，第1届奥运会就把帆船列为正式竞赛项目，但由于天气情况恶劣，第1届奥运会的帆船比赛未能举行。1900年第2届奥运会在法国巴黎举行，帆船运动共进行7个级别的比赛。除第3届奥运会没有帆船比赛，其余的奥运会都设有该项目。

历届奥运会帆船比赛中的比赛项目、级别及船型并不固定，2008北京奥运会开展的11个项目、9种级别如表7-1-1所列。

表7-1-1　2008北京奥运会帆船竞赛项目、级别（船型）

夏季奥运会竞赛项目	竞赛级别（船型）
男子帆板	RS：X级
女子帆板	RS：X级
男子单人艇	芬兰人级
女子单人艇	Laser Radial级

（续表）

夏季奥运会竞赛项目	竞赛级别（船型）
单人公开艇	激光级
男子双人艇	470级
女子双人艇	470级
双人公开艇	49人级
多体公开级	托纳多级
男子龙骨艇	星级
女子龙骨艇	鹰铃级

小链接：世界著名的帆船赛事

除了奥运会的帆船比赛外，世界上还有很多帆船竞赛，最著名的帆船赛事包括以下几种。

1. 克利伯环球帆船赛：最早是由英国人罗宾·诺克斯·约翰斯顿爵士在1995年提出，其初衷是让更多的人参与环球航海冒险活动。1996年举办了首届克利伯环球帆船赛。在英文中，"克利伯"即为快帆船、多桅快帆船之意。克利伯环球帆船赛全部赛程有35 000 n mile、历时10个月的航程，使克利伯环球帆船赛成为规模最大的业余环球航海赛事和世界最著名的环球航海赛事之一。

2. 沃尔沃环球帆船赛：同为环球帆船赛，沃尔沃赛和克利伯赛最明显的不同就是，克利伯基本是业余船员参赛，而沃尔沃帆船赛则几乎全部是职业船员比拼。相比而言，在整体水准上，沃尔沃环球帆船赛比克利伯环球帆船赛高不少。沃尔沃环球帆船赛创立于1973年，是世界高级别的环球帆船赛事，可以说是每一个期待环球航行的船员心中的目标。该赛事每四年举行一次，称得上是最艰苦的团体运动赛事之一，历经世界若干段严酷赛程，无论从技术还是耐力而言，对参赛者都是一个巨大的考验。不仅仅是赛程艰难，沃尔沃环球帆船赛也算得上是最昂贵的单项运动赛事之一，每一条参赛船的总投资都超过了2 000万美元，背后都会有一家甚至几家大型公司的资助，所以在很多人看来，沃尔沃环球帆船赛不仅是参赛船员们挑战极限的角斗场，也是世界顶级大公司公关竞技的舞台。

3. 美洲杯帆船赛：提到大帆船比赛，就必须要提到美洲杯帆船赛。可以说，美洲杯帆船赛事是历史最悠久、影响力最大、声望最高的帆船赛事，与奥运会、世界杯足球赛以及一级方程式赛车并列为世界范围内影响最大的四项传统体育赛事。目前美洲杯帆船赛的电视转播已经覆盖全球200多个国家和地区，观众累计达29亿。即便放眼整个体育界，美洲杯帆船赛也堪称历史悠久。1851年，一艘代表纽约游艇俱乐部的帆船"美洲"号，同15艘代表英国皇家快艇舰队的帆船进行了一场比赛，就此开启了美洲杯帆船赛的历史。美洲杯帆船赛分预赛和卫冕赛（决赛）两部分，决赛每四年举办一次。

二、帆船常用术语及维保的掌握

（一）帆船的常用术语

1. 上风：指帆船的向风一侧。

2. 下风：指帆船的背风一侧。

3. 左舷受风：当风从船的左舷吹来，主帆位于右舷，这时的帆船就是左舷受风。此时左舷为上风，右舷为下风。

4. 右舷受风：当风从船的右舷吹来，主帆位于左舷，这时的帆船就是右舷受风。此时右舷为上风，左舷为下风。

5. 风向角（风舷角）：风向角是指风向与船艇艏艉连线之间的夹角，从船艏起算向两舷各0°~180°。风向对帆推进作用的大小至关重要，必须掌握风向角，才能充分地利用风力来驾驶帆船。各种不同风向角的区分度数如下。

（1）顶风：风向角在船艏左、右0°~10°之间，该风向帆船基本不能驶帆。

（2）迎风：风向角在船艏左、右10°~80°之间，其中竞速运动帆船在风向角大于30°时可以驶帆，帆艇驶帆的风向角则应大于40°。

（3）横风：风向角在船艏左、右80°~100°之间，横风驶帆时船速较快。

（4）偏顺风：风向角在船艏左、右100°~170°之间，一般情况下，偏顺风时驶帆船速最快。

（5）正顺风（尾风）：风向角在船艏左、右170°~180°之间。

风向角图示见图7-1-10。

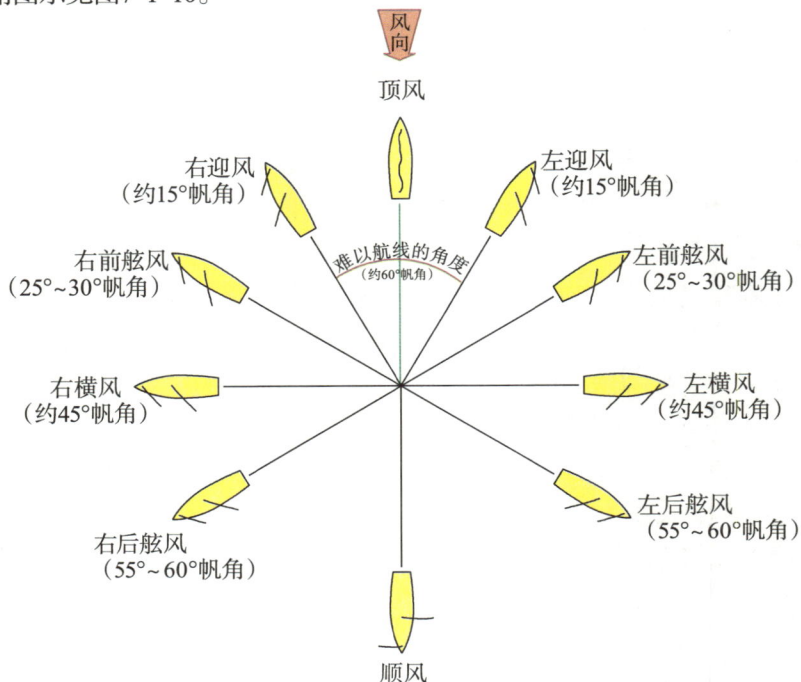

图7-1-10　风向角图示

6. 帆位角：帆位线与船艏艉连线所成的夹角，从船艉起算向两舷各0°～90°。

7. 压舷：帆船航行时，为了充分利用帆面积和强风取得更大的帆动力，以保证帆船既能按预定的航向行驶，又能最大限度地减少横倾，而把船员分布到上风舷的做法，称为压舷。

8. 吃水：指船体在水面以下的深度。由于船舶通常存在纵倾，船体各部分的吃水大多不相同。其中船艏处的吃水称为艏吃水，船长中点处的吃水称为船舯吃水，船艉处的吃水称为艉吃水。

9. 迎风折驶：在驾驶帆船前进中，如果遇到顶风无法驶帆行进时，可采用曲折（Z字形）迎风驶帆航行的技术，这种技术称为迎风折驶。

10. 调樯（换樯）操作：帆船在航行中，变换帆杆的左右舷位置、从而改变帆船受风舷的转向操作称为调樯（换樯）操作。

（二）帆船的维护及保养

对帆船进行随时的维护及保养，才能让帆船的各部分都保持良好的状态，保证航海的有效性和安全性。

1. 随时检查桅杆、风帆和各种索具的状态，观察是否有裂痕或是磨损严重的部位。

2. 清除盐粒，减少对设备、帆布、船体等的腐蚀老化。

3. 保养服装，将救生衣、靴子及其他物品放在清水里浸泡，否则衣物将无法正常干燥，拉链会被腐蚀且卡住。

4. 清洁船体和甲板，可使用淡水、海绵或毛巾等。注意避免使用家用清洁物品，它会留下易滑的残余液体。最后注意将船内的水全部排干，并用海绵擦干船体内部。

5. 风帆的保养。使用温水和清洁剂来清洗脏了的风帆，然后再用冷水冲洗一遍。注意不要用硬毛刷、化学物品或漂白剂来清洗风帆。

6. 定期上坞。大部分的例行船舶维修是在冬天的整修期或进坞期进行，在此期间，对船舶的船体、甲板、船桅、索具、电力器械等进行一次彻底的检查及保养。

小链接：驾驶帆船航行前须知

驾驶帆船出海，需要提前准备好以下几点。

1. 航行着装。

（1）穿着宽松的衣服。操作帆船需要很多动作，要穿能给你足够运动空间的衣服。

（2）在行李袋里携带多余的衣服，以便在冷的时候或是被水湿了以后可以更换。

（3）热天穿轻而透气的衣服。最好穿浅色衣服，带领的衣服可以保护脖子免受暴晒，长袖的衣服可以保护胳膊免受暴晒。

（4）使用防晒霜（SPF30或更高），即使是阴天也应如此。

（5）戴帽子以及防紫外线的太阳镜。

（6）戴航海手套，可以防止手被擦破，并增大摩擦力。

（7）随时穿着救生衣，这是航海必备装备。

2. 安全装备。

（1）满足船上所有人员数量的有质量保证的救生衣。

（2）多余的锚缆。

（3）宽叶短桨。

（4）喇叭。

（5）急救包。

（6）充足的水。

（7）简易的维修工具。

任务二　帆船动力原理

任务内容

一、在海上确定风的方向

（一）风的分类

1. 真实风：当船只静止时所测得的风即实际大自然的风。

2. 航行风：因船只在航行所产生的风，其风向与航行方向相反，风速与船速相等，又称船风。

3. 视风：船只航行时由风向标所测得的风向。它是真实风与航行风的合成风（矢量和），如图7-2-1所示。

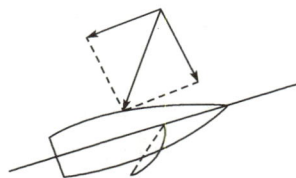

图7-2-1　风的合成

小链接：郭川

郭川，男，1965年1月出生于山东青岛。北京航空航天大学毕业，在北京大学取得MBA学位，曾参与国际商业卫星的发射，现为职业竞技帆船赛手。作为"中国职业帆船第一人"，郭川在国际知名帆船赛事中获得诸多"第一"，如"第一位完成沃尔沃环球帆船赛的亚洲人""第一位单人帆船跨越英吉利海峡的中国人"等。

2012年11月18日，郭川开启"单人不间断帆船环球航行"之旅，经历了海上近138天、超过21 600 n mile的艰苦航行，于2013年4月5日上午8时左右驾驶"青岛"号帆船荣归母港青岛，成为第一个成就单人不间断环球航行伟业的中国人，同时创造国际帆联认可的40 ft级帆船单人不间断环球航行世界纪录。

北京时间2016年10月25日15时"中国航海第一人"郭川在夏威夷附近海域失联。

始终保持好奇心、寻求自由的精神，为追求理想的那种敢于舍弃、甚至冒死的精神，对航海意义的深刻认识都是郭川留给国人重要的财富。

（二）风向的描述

我们将风吹来的方向定义为风的方向，即风向。风向可用地理位置、罗盘度数、相对方位等来描述。

1. 用地理位置来描述。

风向可以用东、西、南、北以及东南、东北、西北、西南等地理位置来描述。

2. 用罗盘度数来描述。

风向也可以用罗盘度数来描述，如000°、090°、180°、270°等。将船调到与风一样的方向，通过读出罗盘上的数字就可以确定风向。

（三）在海上确定风向的方法

航行中我们需要确定风的方向。

1. 转一圈，感知一下风的方向。

2. 观察海面波浪或波纹，风向通常是与波纹连线垂直的。

3. 环顾四周，观察岸上或停止不动的船舶上的旗帜、烟、风向标等。

4. 快速行驶的船舶上的旗帜方向不能表明真实的风向。

小链接：翟墨

图7-2-2 翟墨照片

翟墨，航海家、艺术家，1968年出生，山东泰安新泰人。2000年以来，多次自驾帆船访问南太平洋诸岛国，进行文化、艺术考察，并举办个人画展。2007年1月至2009年8月，他用了两年半的时间，完成了自驾帆船环球航海一周的壮举，成为"单人无动力帆船环球航海中国第一人"。2013年8月3日翟墨驾驶帆船进入钓鱼岛10 n mile，在抵达钓鱼岛3 n mile处，翟墨向海中撒下了100面红旗。2015年4月至9月，领航"2015重走海上丝绸之路"大型航海活动，带领船队从福建启航，途经新加坡、马来西亚、斯里兰卡、埃及、马耳他、意大利、希腊、土耳其等8个国家，在沿途各国进行了文化艺术经贸交流活动，并在2015米兰世博会中国馆举行了主题日活动。

二、帆船运动原理的阐述

(一)风对帆的作用

1. 风对帆的推力：帆可以兜风，利用风的力量顺着风前进，此时风对帆的力量由于受到风的作用力就是推力。正顺风及偏顺风航行都是利用这一原理。

2. 风对帆的拉力：帆不是平面的，和飞机机翼一样是弧形的，在迎风航行及横风航行时，当风从弯曲的帆面两侧滑过时，会对帆产生一个向前的拉力，使得帆船能够以一定迎风角度向前航行，如同飞机的飞行，利用的都是伯努利原理。

伯努利原理简单归纳起来为流动快的空气压强小，流动慢的空气压强大，即"流速增加，压强降低"。

我们不妨先看看飞机是如何升空的，见图7-2-3。当气流在机翼前缘一分为二，沿着上、下表面流到后缘会合。由于机翼的上表面凸起，下表面平直，因此上表面气流速度大，下表面气流速度小，根据"伯努利原理"，流动快的空气压强小，流动慢的空气压强大，机翼上下方的压力差便是托举飞机翱翔蓝天的升力。

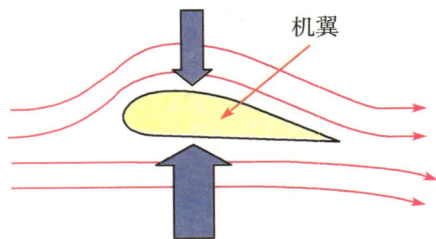

图7-2-3 机翼的伯努利效应

船帆便酷似一个竖直而立的机翼，风在帆的前缘被劈开，再流到后缘去会合，由于帆的迎风面凹陷，背风面凸起，形成了一定的曲度，致使空气在背风面的流速大于迎风面的流速而形成低压区，于是"伯努利原理"便"立即生效"了，在船帆的迎风面产生正高压，在船帆的背风面产生负低压。船帆两侧高低压的压差会产生巨大的空气动力，将船帆吸向背风面，即产生一个拉力，成为帆船前进的"引擎"，见图7-2-4。

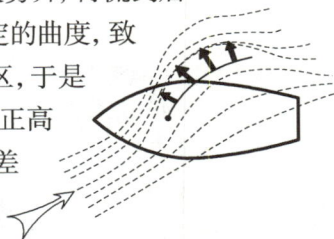

图7-2-4 帆面的伯努利效应

(二)风与帆的角度

风作用于帆上使帆船航行，改变风与帆的角度即可以改变帆船的航行状态。当风平稳地从帆的迎风面和背风面顺利流动时，帆船可以获得最大的动力。风向线(也叫风飘线)可以用来显示气流在帆面上的运行状态。风向线是用轻质材料制成的，通常被安置在前帆的上1/3及下1/3或者1/2高度的位置。

1. 当船帆迎风面与背风面上的风向线都运行平滑时，说明船帆处于良好工作状态。

2. 当船帆迎风面上的风向线松弛，而背风面上的风向线平滑时，说明船帆向船体外打开的角度过大，可通过索具将船帆收紧。

3. 当船帆迎风面上的风向线平滑，而背风面上的风向线松弛时，说明船帆向船体内收的幅度过大，可通过释放索具将船帆外张。

除了通过帆船索具可以调整风与船帆的角度外，还可以通过改变帆船航向来调整风与帆之间的角度。

小链接：伯努利原理

丹尼尔·伯努利在1726年提出了"伯努利原理"。这是在流体力学的连续介质理论方程建立之前，水力学所采用的基本原理，其实质是流体的机械能守恒定律。即动能+重力势能+压力势能=常数。其最为著名的推论：在水流或气流里，如果速度小，压强就大，如果速度大，压强就小。

应用举例1

飞机为什么能够飞上天？因为机翼受到向上的升力。飞机飞行时机翼周围空气的流线分布是指机翼横截面的形状上下不对称，机翼上方的流线密，流速大，下方的流线疏，流速小。由伯努利方程可知，机翼上方的压强小，下方的压强大。这样就产生了作用在机翼上的升力。

应用举例2

喷雾器是利用流速大、压强小的原理制成的。让空气从小孔迅速流出，小孔附近的压强小，容器里液面上的空气压强大，液体就沿小孔下边的细管升上来，从细管的上口流出后，空气流的冲击，被喷成雾状。

应用举例3

汽油发动机的化油器，与喷雾器的原理相同。化油器是向汽缸里供给燃料与空气的混合物的装置，构造原理是指当汽缸里的活塞做吸气冲程时，空气被吸入管内，在流经管的狭窄部分时流速大，压强小，汽油就从安装在狭窄部分的喷嘴流出，被喷成雾状，形成油气混合物进入汽缸。

应用举例4

球类比赛中的"旋转球"具有很大的威力。旋转球和不转球的飞行轨迹不同，是因为球的周围空气流动情况不同造成的。不转球水平向左运动时周围空气在球的上方和下方流线对称，流速相同，上下不产生压强差。再考虑球的旋转，转动轴通过球心且平行于地面，球逆时针旋转。球旋转时会带动周围的空气跟着它一起旋转，致使球下方空气的流速增大，上方的流速减小，球下方的流速大，压强小，上方的流速小，压强大。跟不转球相比，旋转球因为旋转而受到向下的力，飞行轨迹要向下弯曲。

应用举例5

乒乓球比赛中的上旋球，转动轴垂直于球飞行的方向且与台面平行，球向逆时针方向旋转。在相同的条件下，上旋球比不转球的飞行弧度要低。下旋球正好相反，球要向反方向旋转，受到向上的力，比不转球的飞行弧度要高。

应用举例6

一支笔筒，向大口这边吹气，小口上放一个小球，小球能在空气中旋转。

应用举例7

在漏斗宽大处放一小球，用手抵住，在小口中吹气同时放开，小球上方的流线密，流速大，下方的流线疏，流速小，故小球不会落下，只会在漏斗中跳跃。

应用举例8

泥沙运动时，由于水流流动，泥沙颗粒顶部和底部的流速不同。前者为水流的运动速度，后者则为颗粒间渗透水的流动速度，比水流的速度要小得多。根据伯努利定律，顶部流速高，压力小，底部流速低，压力高，这样造成的压差产生了上举力。

任务三　帆船驾驶操作

任务内容

一、启航前准备

（一）帆船部件的安装

帆船在停放时，很多部件都是拆卸归并放置的。在起航前，检查清理完舱内积水后须先安装其部件。部件通常包括船舵、舵柄和舵柄延伸物等。对于稳向板型的帆船，当帆船被置于水中时应首先放下稳向板以防止帆船侧移。带引擎的船只应启动引擎，确认其工作正常。

（二）船帆的升降

升帆的顺序是先升主帆后升前帆，降帆的顺序是先降前帆后降主帆。

1. 升主帆：升主帆前必须将船艏正对来风，并在升帆过程中始终保持正顶风状态。

（1）将主帆升帆索顶端与主帆的顶端扣环连接好，主帆顶端小心导入桅杆的固定槽内，主帆升帆索尾端适当收紧并固定在桅杆的夹绳扣上，尾端用8字结收尾，注意不要让主帆升帆索缠绕住桅杆。

（2）松开主帆控帆索及横杆下拉索。

（3）小心升起主帆，注意要让帆前缘正确地导入桅杆的主帆固定槽内，直至无法再将主帆升高时再用绞盘收紧。妥善缠好并固定好升帆索。

（4）适当收紧主帆控帆索并将船转向迎风行驶，将主帆喂饱风，适当收紧横杆下拉索。

2. 升前帆：

（1）将临时固定前帆索松开并整理好。

（2）将前帆升帆索尾端适当收紧并固定在夹绳扣上，前帆控帆手同时将前帆控帆索尾端按顺时针方向缠绕一圈于下风舷的绞盘上。

（3）升起前帆，视风况将前帆升帆索收紧，妥善缠好并固定升帆索。

3. 降帆：降帆的步骤与升帆时刚好相反。前帆收起后，要求船只保持正顶风，然后按操作降下主帆至帆袋内，罩好帆套。

（三）安全注意

帆船会时常保持倾斜或者突然地倾斜，尤其是初学者还未能习惯在倾斜的船上活动，应特别注意"一手为自己，一手为船"，即随时有一只手抓牢身旁的栏杆、弦索、舱顶杆或任何各种船上固定的装置，这些都能帮助你站稳。走动时身体稍微弯腰行进，保持重心降低，并注意不要撞上横杆或让横杆撞到头部，应尽量保持头部低于横杆的高度。在甲板上走动时为了安全永远记得走在上风侧。

二、顺风行驶操作

当风从船艉左右100°~180°之间吹来时，船舶都属于顺风行驶。一般而言，顺风行驶操作比较简单，这是大部分水手最享受的驾驶方式，此时的帆船移动会变得轻松，会感到风的温暖和轻柔。不过，顺风行驶时容易产生意外的换舷，应当心横杆带来的猛烈碰撞。

在顺风行驶中，通过操舵将受风部位从帆船的一侧换到另一侧称为顺风换舷。此时，船帆从船的一侧移动到另外一侧。

通常，顺风换舷操作包括如下过程。

1. 船长环顾四周，确定周围环境安全，找出岸边的景物等作为目标参照物，做好换舷准备，航行过程中瞭望人员需持续保持瞭望。

2. 船长高喊"准备顺风换舷"。

3. 瞭望人员观察四周，如果没有障碍物回答"周围环境安全"。

4. 前帆缭手做好准备后回答"准备完毕"，主帆缭手尽力将横杆收到帆船的中心线上后回答"准备完毕"。

5. 船长高喊"顺风换舷"，并开始操舵。

6. 当前帆变得松弛开始飘帆后，原背风舷缭手松开缭索，原迎风舷缭手迅速拉缭索，收紧前帆；主帆缭手将主帆推向背风舷；固定缭索。

7. 船长调整好舵角，完成换舷，使帆船向着预定的方向航行。

小链接：帆船的速度

图7-3-1　水上飞机

16世纪，在茫茫大海上无法判断航船的速度，聪明的水手将等距离打结的长绳拖着漂浮物抛到海中，再定时收回进行计算，这便是海船速度通用计量单位"节"的来源。1 kn相当于1 n mile/h，或1.852 km/h。今天，轻盈坚固的玻璃钢、碳纤维及新型复合材料取代木材，使船和水接触的"湿面积"不断缩小，使波浪阻力和摩擦阻力都减少。计算机对船体流体力学性能的模拟设计，风洞试验对船帆材质和三维形状的优化选择，都使当代帆船在"头尖体长"的基本模式下不断改进。法国人设计的双体帆船在2007年创造了47.2 kn的航速，比"真风"的速度快3~4倍。当今帆船最高速度的世界纪录是英国人梅纳德2005年创造的，达到48.7 kn，已经十分接近于公认的50 kn极限，简直像掠过海面的水上飞机，见图7-3-1。

我们也许都看到过另一种神奇的风帆，它们的运动机制和原理与帆船十分相似，但却是奔驰在陆地上的"旱船"。这些"沙帆"和"冰帆"的时速都能达到70 km/h。

三、迎风行驶操作

当风从船艏左右0°~80°之间吹来时为迎风，但帆船无法正对着风向航向。通常船艏左右0°~30°之间为禁止区域，一般帆船能够采取与风向大约成45°夹角航行。与顺风行驶相比，迎风行驶时通常把主帆和前帆收得更紧。

在迎风行驶中，通过操舵将受风部位从帆船的一侧换到另一侧称为迎风换舷。此时，船帆从船的一侧移动到另外一侧。

通常，迎风换舷操作包括如下过程。

1. 船长环顾四周，确定周围环境安全，找出岸边的景物等作为目标参照物，做好换舷准备，航行过程瞭望人员需持续保持瞭望。

2. 船长高喊"准备迎风换舷"。

3. 瞭望人员观察四周，如果没有障碍物回答"周围环境安全"。

4. 主帆及前帆缭手做好准备后回答"准备完毕"。

5. 船长高喊"迎风换舷"，并开始操舵。

6. 当前帆变得松弛开始飘帆后，原背风舷缭手松开缭索，原迎风舷缭手迅速拉缭索，收紧前帆；固定缭索。

7. 船长调整好舵角，完成换舷，使帆船向着预定的方向航行。

四、航行中的换樯操作

在木质帆船年代，樯的原意是帆船上挂风帆的桅杆，一般引申为帆船或帆，换樯即指船帆从船的一侧移动到另外一侧。

换樯操作技术是指由于帆船无法正对着风向行驶（禁止区域），当帆船的目的地正好在顶风方向时，船员一般与风向成45°左右角度行驶，航行一段路后转向，改为另一舷与风向成45°左右角度行驶，通常需要多次进行"换樯"操作、采取"之"字形策略向前迂回行驶的技术。这种"之"字形换樯操作航行方法实际上是多次迎风换舷的组合体，也称为迎风折驶、顶风曲折航行，或Z形航行（图7-3-2）。

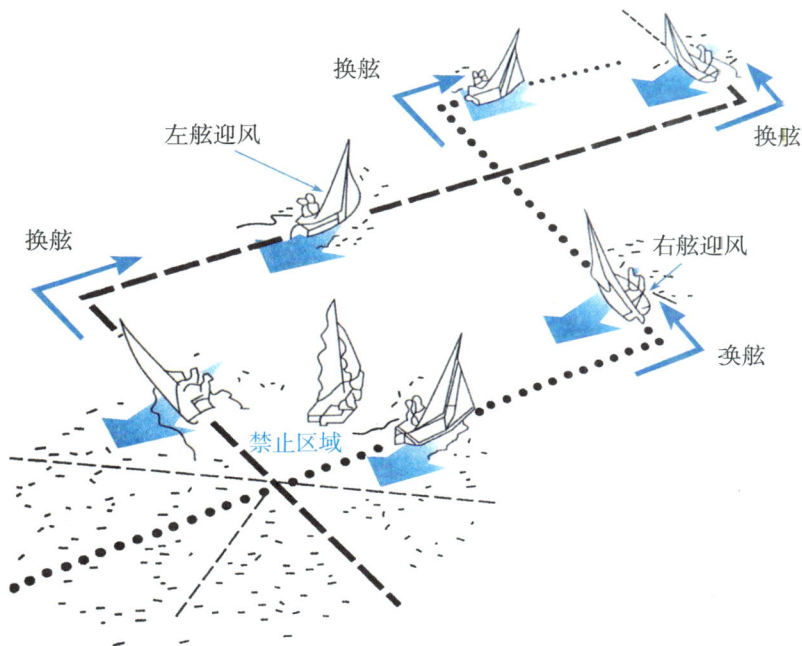

图7-3-2 Z形航行

小链接：汉字释义——樯

基本字义

1. 帆船上挂风帆的桅杆，引申为帆船或帆，如：帆樯林立，樯倾楫摧。

详细字义

〈名〉

（1）形声。从木，墙省声。本义：桅杆。

（2）英文mast。

樯，帆柱也。

——《埤苍》

樯倾楫摧。

——范仲淹《岳阳楼记》

舰似林立，樯如云连，纷纷劈波斩浪。

——小说《玄门八脉》

（3）又如：樯竿（船桅杆）；帆樯如林。

（4）借指船只。

灵樯千艘，雷辐万乘。

——《宋书》

常用词组

1. 樯橹 qiáng lǔ ［masts and oars］ 桅杆和橹的合称。

樯，桅杆。橹，粗形的浆。樯橹泛指船。

樯橹灰飞烟灭。

——宋·苏轼《念奴娇·赤壁怀古》

五、帆船的靠泊操作

(一) 驶离岸边

驶离岸边前，首先应观察好风向、水深、水流、有无礁石等情况，然后选择好出航位置和航向。我们以稳向板帆船为例。

沿岸风及离岸风时驶离岸边相对容易，将搬运车推到有足够水深的地方，使船飘起。船员们抓住船的同时，舵手上船并将船舵完全放下，将稳向板全部或部分放下，然后可采用横风或顺风方式行驶直接离开。

在向岸风中驶离岸边会比较困难，因为海浪会把帆船又推回岸边。应将船头对准风向，在装好船舵及稳向板后，船员尽可能把船往水深的地方推（如果有浪，需要在两个浪峰之间将船推出），舵手上船后观察船的哪一舷侧离岸边较近，则以此舷抢风出航。

(二) 靠泊岸边

结束航行阶段后，要将船驶回岸边，靠泊前仍然要首先观察风向、水深、水流、有无礁石等情况，然后选择靠泊位置。为避免靠泊时碰损船舶，一般从下风处靠泊。

同驶离岸边一样，在沿岸风时靠泊也是比较简单的。一般用横风驶向岸边，保持好船速，等到达选择好的位置前（水深大约到大腿处）使船顶风减速，船员跳入水中将船拉住，舵手将舵升起并锁住，拔出稳向板，然后与船员共同将船拉向岸边。若需要使用搬运车，舵手将搬运车拖到能将稳向板推上去、水深足够深的地方。

离岸风靠泊与沿岸风靠泊的不同之处在于，帆船一般迎风与海岸呈45°角的方位减速靠近，然后用舵和帆调整帆船，等到达选择好的位置前使船顶风减速。

向岸风靠泊比较困难，风吹向海岸，风和海浪都会让停船遇到问题，解决办法就是避免用船艏靠泊海岸，并尽量将速度减到最小。

无论何种靠泊方式，当风浪大时一定要注意安全，避免碰坏船舶或引起伤人事故，最好是寻求岸上人员的帮助与扶持。

六、倾覆帆船的恢复

稳向板型帆船的倾覆是很正常的，即使最有经验的船员也会翻船。倾覆帆船的恢复是学习过程中的一部分，船员应该掌握安全迅速的恢复方法。

(一) 帆船倾覆的方式及原因

1. 帆船倾覆的方式。

(1) 帆船翻向下风向，帆浮在下风向的水面上。这种方式最为常见。

(2) 帆船翻向上风向，朝着风倾覆。这种方式较少发生，但倾覆速度很快。

(3) 帆船向前倾覆，船头钻进水中。这种方式也称纵摇，大多发生在高速行驶的多体船上。

（4）帆船的船底完全朝上，桅杆完全朝下。这种方式也称为帆船的翻没，也叫翻覆，此时的恢复比较困难。

很多稳向板帆船具有内置的浮力系统，使船不容易倾覆，倾覆后也很容易恢复平衡，这种帆船一般称为自恢复帆船。

2. 帆船倾覆的原因。

（1）突发的强阵风或突然的风向转变，航员未能及时有效地操作。

（2）帆船换舷操作不当，导致帆船失去平衡而倾覆。

（3）舵柄或压舷带断裂，导致失控翻船。

（4）剧烈地操舵或猛然地收放控帆，导致船的倾角突然改变。

3. 如何预防倾覆？预防帆船倾覆最主要的方法是不要将控帆索夹在夹绳器上从而导致帆被夹住，应随时准备在突然吹起强阵风时能迅速释放帆泄风以将过大的风力卸除。注意调整船员身体位置和帆的松紧以维持帆船的平衡。如果帆船倾斜角度过大，船将很容易失去控制。应该避免骤然改变帆的松紧或移动身体造成重心改变，使帆船失去平衡。注意观察水面波纹与岸边景物所反映的强阵风征兆，以提前准备应对。

帆船倾覆时，不要跳水，应该注意要让脚先入水，而非头部先入水。

（二）帆船恢复的方法

1. 帆船恢复的方法。

（1）铲式恢复法：对于两人或多人驾驶的帆船来说，铲式扶正是最恰当的倾覆扶正方式。在将帆船进行扶正的时候，其中一名船员（如果可能应优先指派舵手）移至翻覆的船舱，当帆船扶正恢复正常的姿态时，随船的船员可立刻掌握船体平衡、避免再次倾覆，并操控帆船进入安全水域保持稳定状态。随船的船员在船稳定后也可帮助其他船员重新登船。在帆船扶正过程中，船员间应保持密切地联系，同心协力执行倾覆扶正任务。

（2）传统恢复法：在传统恢复方法中，没有人在船里操作。因此，帆船在大风状况下可能很快再度倾覆。因此在扶正前先将船艏顶风。这就要求船员需要在水中旋转帆船，这可能十分艰巨。一旦旋转完毕，一名船员就待在船艏保持顶风状态，而另外一名船员爬上船并控制帆船。由于传统扶正法较难操作，因此应优先采用铲式扶正法，使帆船能更快地恢复航行。

（3）轻易恢复法：即将倾覆的帆船可采用轻易恢复法来恢复平衡（这种方法需要船员具备熟练的动作和敏捷的反应）。当船开始倾覆时，帆桁经常被拖到水中，这会减缓帆船倾覆的速度。如果行动迅速，在帆船完全倾覆前，船员可以跨过离水的舷边跳到抬出水面的稳向板上。这部分操作是最难的，如果船员犹豫太久，帆船将完全倾覆。

一旦爬到了露出水的船底，船员应该将体重尽量压在稳向板上，并紧抓船舷或侧支索等，身体后仰，帆船将逐渐被扶正从而恢复正常的姿态，船员即可重新爬回驾驶舱。

所有这些动作应迅速、流畅地完成。在好天气、水温较高的时候，可刻意操作使船倾覆并训练船员来恢复船的平衡。

如果帆船恢复时所有的船员仍都在水里，那么身体强壮的人应尽快从船艉上船，将船驶入安全位置。一旦到了安全位置，其他船员应在其帮助下重新登船，也从船艉的上风侧上船，此时应用腿而不是背部来上船。

2. 特殊情况的恢复。

（1）帆船翻没（翻覆）后的恢复：之前我们了解到帆船的翻没，即帆船倾覆时，船底完全朝上，桅杆完全朝下。为防止这种情况发生，有些帆船的桅上或主帆的顶端装有漂浮物。

将一艘翻没的帆船恢复比较很困难，因为颠倒的船体很稳定，浸在水中的帆也会对扶正帆船的操作产生很大的阻力。稳向板也会缩回去或掉落水中。因此扶正翻覆帆船的第一步是先旋转它到一个水平的倾覆状态，帆倒在下风侧，然后就可以采用前述的各种方法来扶正帆船。

（2）桅杆插入泥里的恢复：如果帆船在浅海中翻没，桅杆就有可能插到水底的泥里或沙里。此时需要迅速采取必要的行动防止桅杆弯曲或脱离帆船。所有船员需要快速地离开帆船，以防止他们的体重使桅杆更深地插到海底。控制船头顶风看是否可以解开桅杆。如果桅杆还不能脱出，需要寻求外部的协助恢复。

任务四　帆船航行规则

任务内容

帆船在海上航行时，应严格遵守所处港口的港章规定，遵守《中华人民共和国非机动船舶海上安全航行暂行规则》《国际海上避碰规则》以及涉及船舶安全航行的有关法规要求，帆船驾驶人员在进入有关水域之前，应认真查阅相关港口的港章对帆船航行的具体要求并严格遵守。

船舶航行中，最基本的规则是避免碰撞。同时，《国际海上避碰规则》第七条需所有驾驶人员牢记：所有船舶必须尽一切所能判断是否存在碰撞风险，如有任何怀疑，就应假设该风险存在，并做好准备采取必要措施。

两艘船舶相遇时，拥有航行优先权的船舶（直航船）可以保持原来航向和航速不变，没有优先权的船舶（让路船）应该减速甚至停止或者改变航向以避免碰撞。若帆船为让路船，为避免碰撞而改变航向的一个简单而有效的处理措施是：将舵柄向预计发生碰撞的位置推或拉，以远离可能碰撞的地点。

一、两艘帆船间的航行规则

两艘帆船相互驶近构成碰撞危险时,其中一船应给他船让路。

(一)《国际海上避碰规则》的规定

1. 两船在不同舷受风时,左舷受风的船应给他船让路(若左舷受风的船不能判定另一船是左舷还是右舷受风,也应给该船让路),即"左让右"。见图7-4-1及图7-4-2。

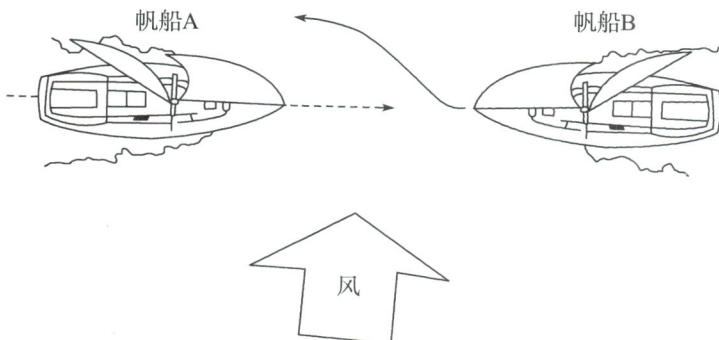

图7-4-1 不同舷受风时的避让(一)

图7-4-1中,帆船A是右舷受风,帆船B是左舷受风,B应给A让路。

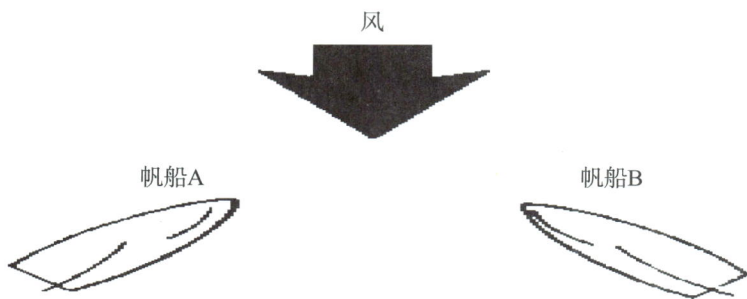

图7-4-2 不同舷受风时的避让(二)

图7-4-2中,帆船A是左舷受风,帆船B是右舷受风,A应给B让路。

2. 两船在同舷受风时,上风船应给下风船让路,即"上让下"。见图7-4-3及图7-4-4。

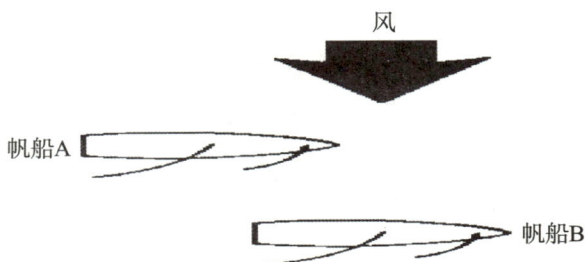

图7-4-3　同舷受风的避让（一）

图7-4-3中，帆船A处于上风，帆船B处于下风，A应该给B让路。

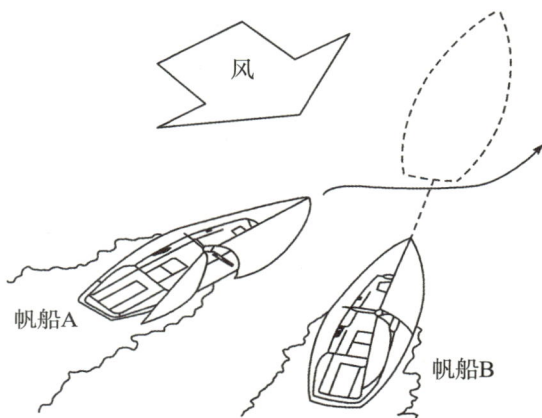

图7-4-4　同舷受风的避让（二）

图7-4-4中，帆船A处于上风，帆船B处于下风，A应该给B让路。

（二）《中华人民共和国非机动船舶海上安全航行暂行规则》的规定

1. 顺风船应当避让逆风打抢、掉抢的船。

2. 左舷受风打抢的船，应当避让右舷避风打抢的船。

3. 两船都是顺风，而在不同的船舷受风的时候，左舷受风的船应当避让右舷受风的船。

4. 两船都是顺风，而在同一船舷受风的时候，上风船应当避让下风船；

5. 船艉受风的船应当避让其他船舷受风的船。

二、帆船与机动船间的航行规则

（一）《国际海上避碰规则》的规定

当帆船与在航的机动船相遇有碰撞危险时，机动船应该给帆船让路，除了：

1. 该机动船为失去控制的船舶；

2. 该机动船为操纵能力受到限制的船舶；

3. 该机动船为从事捕鱼的船舶；

4. 帆船正在追越该机动船。

（二）《中华人民共和国非机动船舶海上安全航行暂行规则》的规定

帆船与机动船相互驶近，如有碰撞危险，机动船应当避让非机动船。但帆船应当避让下列的机动船：

1. 从事起捞、安放海底电线或者航行标志的机动船；

2. 从事测量或者水下工作的机动船；

3. 操纵失灵的机动船；

4. 用拖网捕鱼的机动船；

5. 被追越的机动船。

三、其他

1. 帆船在能见度不良时应以每次不超过2 min的间隔连续鸣放3声，即1长声继以2短声的声号。

2. 帆船应从日没到日出时和能见度不良时显示号灯。

3. 白天，用帆行驶同时也用机器推进的船舶在白天时应在前部最易见处显示号型（一个圆锥体，尖端向下），见图7-4-5（1）。

4. 白天，锚泊中的帆船应显示一个球体，见图7-4-5（2）。

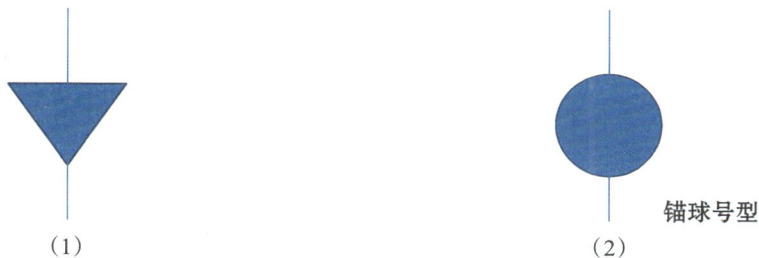

（1）

锚球号型

（2）

图7-4-5

任务五 帆缆索具的使用

任 务 内 容

在航海中会用到众多的缆绳和索具，帆船上的帆布作业也比较常见。帆缆索具的使用关系到帆船行驶的安全，也能反映出船上的艺术装饰水平，掌握其中的基本技能才能适应帆船航行的需要。

帆船上的帆缆索具主要包括以下几种。

1. 船帆：船上用帆包括主帆、三角帆、球帆等。船上帆布作业主要是帆布缝补作业。常用的缝补工具有顶针、帆针、帆线、打眼冲、铆圈器、木槌等。

2. 缆绳：船舶上习惯把粗大的绳索称为缆，如系泊缆、拖缆等；把细小的绳索称为绳，如撇缆绳、旗绳等；把规定长度的专用绳索称为索，如升降索、控帆索、帆脚索等。

不同各类的绳索，材质不同有不同的应用：

（1）编织绳，中心有一束绳芯，外面被套子保护起来。这样的设计使绳子的力量、延展力和轻巧度得到最佳的融合，多用于控制帆缆、升降索以及帆脚索；

（2）多股绳或6股7丝绳索，是由3股或者更多股涤纶材料缠绕而成的，多用于系泊缆、拖带缆等。

3. 索具：索具是指与绳缆配套使用的器材，如桅杆、帆桁、绞盘、系缆角、夹绳器、卡锁等，是和所有索、链以及用来操作这些索链的用具。

索具的使用在船舶结构部分已经讲过，不再赘述。

任务六 常用绳结的编结及使用

任务内容

绳结的编结是指根据工作需要，迅速牢固地将绳索进行绑扎和结接。帆船上有很多绳索，如升降索、帆脚索、控制索、系泊缆、旗绳等，熟练使用绳结是非常重要的航海技巧。船员需要熟练掌握全套基础绳结的编结方法，特别是几种常用的绳结，必须学会快速打结，达到几乎不用思考的境界，而且要保证绳结系得非常结实。

帆船上常用的绳结有以下几种。

1. 平结。

用途：将两根粗细相近的细绳相接，用在不常解开之处。

特点：牢固，不易解开。

打法：如图7-6-1所示。

图7-6-1　平结打法

2. 缩帆结。

用途：将相同粗细的两细绳相接，用在经常解开之处。

特点：留有活头、便于解开的平结就是缩帆结，其牢固性比平结差。

打法：如图7-6-2所示。

图7-6-2　缩帆结打法

3. 双半结。

用途：用于船舶系泊带缆或悬挂物体。

特点：非常结实，即使把绳索拉到极限，双半结也不会松散，而且可以很容易地解开。

打法：如图7-6-3所示。

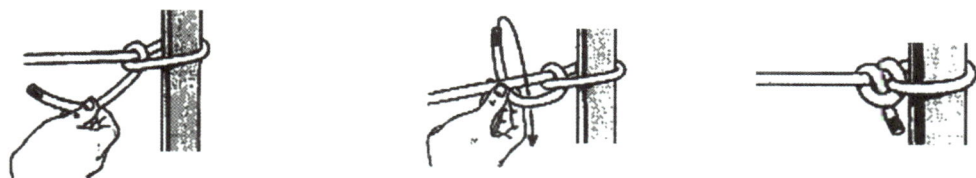

图7-6-3　双半结打法

4. 丁香结。

用途：将绳子系于圆柱、栏杆、圆环、粗缆。

特点：编结迅速，适合系于圆形结构上，在方形结构上容易脱散。

打法：如图7-6-4所示。

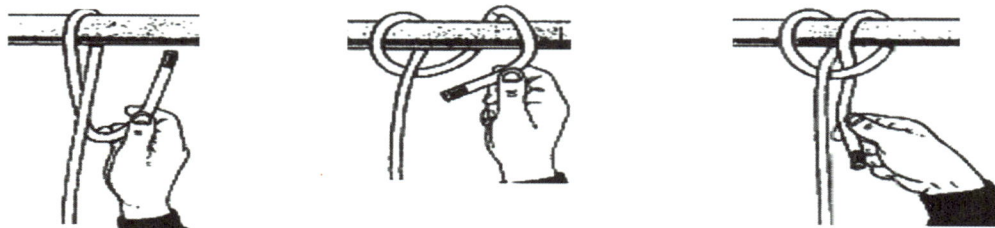

图7-6-4　丁香节打法

5. "8"字结（又称绞花结）。

用途：绳索穿过孔洞后打"8"字结，可防止绳头滑脱。

注意事项：绳头不宜留得太短，防止受力后松散滑脱。

打法：如图7-6-5所示。

图7-6-5　"8"字结打法

6. 单套结。

用途：做一绳圈。可用作绳与绳、或绳与环的连接，也可在高空或舷外作业时系于腰间做安全带用。

特点：牢固可靠，受力拉紧后绳圈大小不变，也易于解开，是船上用途最为广泛的绳结。

打法：如图7-6-6及图7-6-7所示。

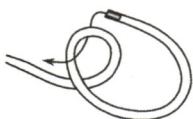

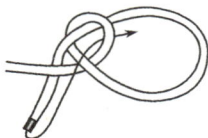

图7-6-6　单套结打法（一）

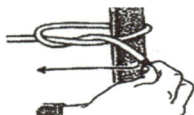

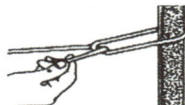

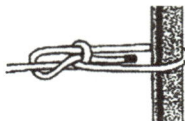

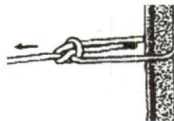

图7-6-7　单套结打法（二）

7. 羊角结。

用途：用于绳索同系缆角相连

特点：越拉越紧，比较牢固，松解方便。

打法：如图7-6-8所示。

图7-6-8　羊角结打法

8. 单索花（又称单编结、旗绳结）。

用途：将相同或不同粗细的两根绳索相接、绳与环相接。

特点：松解方便，但牢固性较差，通常用于临时相接。

注意事项：留出的绳头不宜太短，以防滑脱。

打法：如图7-6-9所示。

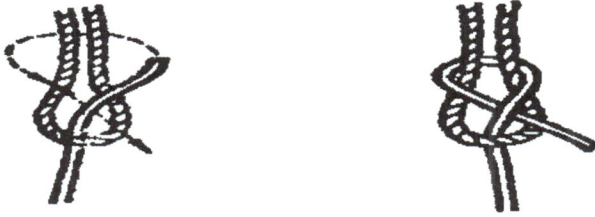

图7-6-9　单索花打法

附录一　港口概况及通航安全管理规章

港口一　青岛港

一、概况

青岛港位于黄海西海岸, 山东半岛南岸西部的胶州湾口附近, 面临黄海, 背依崂山。港内水域宽阔, 水深浪静, 港口设备完善, 系泊条件良好, 各类船舶昼夜进出均较方便, 为我国著名的天然良港。太平角老鼠礁至象嘴一线为外港东界; 团岛嘴至脚子石嘴一线为内外港分界线。青岛港距上海港417 n mile、天津港443 n mile、广州港黄埔港区1 227 n mile、我国香港1 161 n mile, 距韩国釜山港495 n mile。

该港由老港区、黄岛油港区、前湾港区、小青岛港和董家口港区组成。老港区、黄岛油港区和前湾港区位于胶州湾内港, 小青岛港位于胶州湾外港。

老港区位于胶州湾东岸主城区范围内, 包括大港、中港、小港和青岛轮渡区。

大港位于胶州湾口东北方, 是青岛港老港区的主要码头区, 港池由防波堤环抱而成, 其入口呈喇叭形向西南敞开, 最窄处宽约270 m。港池内水深一般为5 m~13 m, 泥及泥沙底。该港池多为大型固定码头, 系泊条件良好, 国内外远洋船舶多停泊于此进行装卸作业。

中港位于大港南侧, 与大港六号码头为邻, 港口向西敞开, 被长约300 m的防波堤分为南、北两个进出口, 各宽约100 m。两口北侧均有暗礁, 其上水深约1.4 m。进出口两侧均设有灯桩 (南口北侧为渔标, 目前尚未发光)。港内水深2~6.4 m, 泥及沙泥底。港池内多为浮码头。

小港位于中港南侧, 港口向西敞开, 宽约110 m, 港内水深2~4.5 m, 多为沙泥底。港内比较拥挤, 为500 t以下船舶停泊区。

青岛轮渡区位于小港南侧, 与黄岛轮渡区配对使用, 是连接青岛和黄岛经济技术开发区的水路捷径。轮渡码头外建有长230 m的防波堤, 船舶停靠条件良好。

黄岛油港区位于胶州湾西南岸、黄岛开发区内。黄岛油港区的港口专用设备及助航标志完善, 是目前我国规模最大、设施最先进的石油输入、输出港口之一。

前湾港区位于胶州湾西南岸、黄岛开发区内, 与黄岛油港区毗邻。自20世纪90年代以来, 前湾港区先后建设了一期、二期、三期、四期、矿石专用码头和招商局码头, 形成了以各类专业化泊位为主体的大型现代化综合性港区, 以国际集装箱干线及铁矿石、煤炭等大宗干散货中转运输功能为主, 是青岛港目前现代化程度最高、规模最大的生产性港区。

地方小型港站分布在胶州湾海岸线上, 这些港站普遍泊位等级不高、规模很小, 主要是作为地区交通基础设施之一, 为少量沿海货运、渔业等地方经济发展需求服务。

另外, 在黄岛油港区南侧建有黄岛轮渡区, 有青岛海运公司、黄岛电厂等单位码头, 轮渡码头拥有2个客滚专用泊位, 2个高速客船泊位; 在海西湾内有青岛海西湾造修船基地、安子码头、中科院码头、快船浮码头。

小青岛港位于外港的青岛湾东侧,主要供小型船舶停靠。

青岛海事局码头位于外港团岛湾东侧,是在青岛礁上向西南修建的防波堤式岸壁码头,该码头与陆岸围成南北长约190 m、东西宽约150 m的小型港池。

董家口港区地处青岛市海岸线最南端,拥有琅琊台湾和棋子湾,东距青岛港主港区45 n mile,西距日照港20 n mile。港区由北港池和中港池组成,分别为琅琊台湾作业区和董家口嘴作业区,预留了棋子湾作业区(南港池)、胡家山作业区(东港池)。两港池中间为突堤和引堤,其上建有码头,两侧有防波环抱。2013年,董家口港区完成吞吐量7 000万吨。

二、水文气象

(一)潮汐

青岛港属正规半日潮港。其最高高潮位5.36 m,最低低潮位0.70 m,平均高潮位3.81 m,平均低潮位1.02 m,平均海面2.39 m,平均潮差2.71 m。

(二)潮流

涨潮流由外海进入胶州湾外湾口(团岛—薛家岛)后开始分向:一股为偏西南流进入黄岛前湾和海西湾;另一股为主流,绕过团岛嘴,偏西北进入胶州湾内湾口(团岛的小嘴边—黄岛的黄山嘴),又分为3股:一股北偏东流进入沧口水道,一股北偏西流由中沙西侧进入内湾,一股北流越过中沙进入内湾。落潮流流向港外,胶州湾内转流时间始于低潮或高潮时,湾中部涨潮为北及西北流;落潮为南及东南流,湾西侧为顺岸流。团岛附近有急流流速最大可达3 kn。自湾口向东转流时间逐渐推迟,10 n mile以内,东流始于青岛高潮后1~2 h,西流始于低潮后1~2 h;10 n mile以外,西流始于青岛高潮前3~4 h,东流始于青岛低潮前3~4 h。最大流速在高、低潮前1 h,为1.3~1.5 kn。自湾口向南20 n mile内,涨潮为西及西南流,落潮为东及东北流。西南流始于青岛潮前2~3 h,东北流始于青岛低潮前3 h。最大流速在高、低潮时,为1.2~1.3 kn。

(三)海浪

胶州湾的波浪可分为两种情况:一是湾内的风浪;二是由外海传入的涌浪。胶州湾的波浪很小,一年内波高在0.5 m以下的天数有260天以上,出现率在80%左右;而波高≥1.5 m的天数,出现率仅为0.3%。

(四)气温

青岛港受海洋气候影响,温和湿润,春迟、夏短、秋爽、冬长,冬无严寒,夏无酷暑。年平均气温12.7℃,月平均气温最高为8月,为25.3℃,历年最高气温为38.9℃。月平均气温最低为1月,为-0.5℃,历年最低气温-16.9℃。

(五)降水

年降水量最多达1 272.7 mm(1911年),年降水量最少为308.2 mm(1981年),年平均降水量为662.1 mm。降水大部集中于6~9月,约占年降水量的70%,以7~8月为最多。

(六)风

常风向为东南偏南,频率16%,强风向西北偏北。年平均风速5.3 m/s,最大风速27 m/s。3~8月,以东南风为主,其中6月、7月东南风频率达25%;9~11月以北风为主,频率15%;12月至次年2月,以西北偏北风为主,频率18%~19%。风力大于6级的年平均为68.4天。

热带气旋来到时,多引起风暴潮,据历史资料记载,大港出现的4次最大风暴增水分别为6.0 m、5.36 m、5.12 m、5.48 m,分别发生在1939年、1956年、1985年和1992年。

(七)寒潮

冬季常出现寒潮大风过程,年平均约5次,最少2次,最多13次,多出现在11~12月当寒潮出现时,多形成降温天气,有时48小时内降温15℃~20℃,并伴随出现6~7级偏北强风,有时出现8~10级大风。大风持续一般为2~3天,最长可达8天。

(八)雾

多雾是青岛港附近海区的特点,年平均雾日为46.8天。3~7月为雾季,多集中在4~7月,雾日占全年70%以上,每月有5~11天,雾的持续时间亦较其他月份长,持续3天以上的雾常有发生,有时可达1个星期。该港雾多由南风或东南风而引起,日变化较显著,多在傍晚起雾,次日中午消散。12月至次年2月有时亦有雾出现,但次数较少,持续时间短且浓度不大,多为烟和水汽混合物。一般对雾之预测有以下经验:"细雨伴雾,一般难晴;傍晚下雾为期较长,一般延到次日09:00~13:00时,北风吹来则雾消,东风则难消"。

(九)冰情

该港受冰的影响较小,一般情况下都可航行。结冰期多在1月中旬到2月上旬,持续时间不长。历史上海面结冰较严重的有3次,1917年结冰面积达90%,1936年大港全封,1947年大港封冻冰厚1 m。近年来没有出现冰情。

三、航行条件

(一)助航标志

朝连岛,位于崂山头东南方16.3 n mile处,呈东北—西南走向,横居海中,高68 m,岛上地势平坦,是青岛港最前方的孤岛,岛顶中部设有灯塔,为白色八角形石塔,附设雾笛和雷达应答器,为进出青岛港的重要导航目标。

崂顶(1098),位于崂山头西北方约5 n mile处,为港口附近群山之最高峰,很显著,当视距良好时,距其约50 n mile处即可发现。

大公岛,位于朝连岛西西北方19 n mile处,与大陆最近距离为6.8 n mile。该岛高120 m,呈圆锥形,明显易辨。其上设有灯塔,为白色圆柱形玻璃钢塔附设雷达应答器,是船舶航行的良好导航目标。

小公岛,位于大公岛灯塔东北方约5 n mile处,为高34 m的孤立小岛,平坦呈方形,其上设有灯塔,圆柱形混凝土塔身,为进出青岛港的重要转向目标。

大桥岛灯塔,位于大公岛西方约8.2 n mile处的大桥岛上,红色圆柱形混凝土塔身,其上设有雷达应答器。

竹岔岛,位于大桥岛灯塔南方约3 n mile处,为扁平小岛,岛高36 m,南坡设有灯桩,为白色圆柱形钢筋混凝土桩身,遮蔽弧:约264°~276°。

灵山岛,位于竹岔岛西南方约13.5 n mile处,为孤立岛屿,南高北低,呈黑色,顶峰歪头顶高513 m,明显易辨,为南来青岛港船舶的良好目标。

浮山,位于麦岛北方约2.2 n mile处,该山有呈锯齿状诸峰,其中最高峰高368 m,显著易辨。

王家麦岛DGPS站,位于36°04′.4N、120°26′.5E,发射频率313 kHz,作用距离160 n mile。

小青岛灯塔,位于青岛外港的青岛湾,为白色八角形石塔,为进出青岛港的重要目标。

团岛嘴灯塔,位于青岛港口北岸的团岛嘴上,为黑白横带八角形石塔,其上设有雾号和雷达应答器,是船舶进出内港的重要转向目标。

马蹄礁灯塔,位于马蹄礁西端,为黑白横带圆柱形石塔,其上设有雷达应答器。

黄岛油码头引导灯桩,前标位于黄岛油一期码头末端,后标在黄岛岸上,桩身均为黑白相间横带圆柱形钢板桩身,后灯光弧161°~166°,两灯一线方位163°30′。

青岛港内航道两侧、黄岛一期油码头南北航道九号码头（过驳码头）航道、前湾港区航道两侧均设有灯浮。其中110号灯浮为马蹄礁南方位标，111号灯浮为马蹄礁北方位标，113号灯浮为马蹄礁东方位标，204号灯浮为黄岛油一期码头航道的湔礁西方位标，207号灯浮为中沙北方位标，208号灯浮为中沙西方位标。

（二）航行障碍物

五丁礁，位于大公岛西方1.2 n mile处，其上设有立标，其周围布设有渔网。

危险物区，以小青岛灯塔东南约4链处为中心，直径4链范围内有危险物，该区为1948年沉毁的大量废弹药。

暗礁，汇泉角西南方约3.5链处，直径约15链范围内，有一最小水深6.4 m，底质为岩的暗礁。

南沙，位于大桥岛东方约2 n mile处一狭长浅水区，其上水深8.2~10 m。

危险物区，南沙北方约5链处有一直径约4链的危险物区，附近水深15~32 m，船舶不可在该处附近抛锚。

浅滩，大桥岛西偏南方约5链处有一浅滩，其上最小水深0.9 m。

中沙，位于大港航道和黄岛油港区航道之间，有两处暗礁，中沙礁深5.7 m，底质为岩石。礁东侧设有中沙礁灯船，西侧设有208号灯浮，北侧设有207号灯浮，南侧设有200号灯浮。自1974年至1984年间相继有9艘万吨级船舶在此触礁搁浅。

安湖石，位于脚子石嘴西偏北方约17 n mile处，干出高度1.6 m，上设灯桩指示，其西侧3链处有水深3.0 m的礁石，其东北侧设有103号灯浮，东侧设有400号浮标。

马蹄礁，位于内港北部中、小港出口外侧，为直径3链、面积约30万平方米的马蹄形低平岩礁，礁的西端设有马蹄礁灯塔。

浅滩，马蹄礁灯塔西北方7链处有一其上最大水深4.8 m的浅滩，其南侧设有107号灯浮标。

湔礁，位于黄岛油一期码头端部东方2链处，水深4.4 m。礁西侧设有204号灯浮标。

船骸，团岛嘴灯塔北偏西方约9.2链处，有一船骸。

沉船，燃料油码头灯桩东方3.7链处有一沉船，其上水深8.9 m，该船长约10 m，宽约3 m，高约4 m，底部朝下。

（三）水道

团岛嘴至大公岛东北方附近水域实行"青岛水域船舶定线制"和"青岛水域船舶报告制"。进出青岛港的船舶必须按规定航线航行，规定航线分主航道和第一、二、三、四航线及第一预备航线等。其中主航道连接第一警戒区，自第一警戒区有通往各港区及码头的航道。

主航道，自35°56′24″N、120°46′42″E，至第一警戒区，航道长约25.5 n mile，宽2.7 n mile渐窄至0.6 n mile，水深15.7 m以上。主航道大部为沙及泥沙底，障碍物较少，仅在航道北侧的沙子口与麦岛之间，距航道约1 n mile处划有渔民作业区。近几年渔民布设网具随意性很大，作业区域有时延伸到小公岛附近，船舶应注意规避。

第一航线自36°17′32″N、120°58′26″E，航向222°~42°，至35°58′12″N、120°36′54″E接主航道，航线长26 n mile，宽1.8 n mile，水深13 m以上，底质泥沙。

第一预备航线自36°07′04″N、121°04′48″E，航向248°~68°，至35°58′12″N、120°36′54″E接主航道，航线长24 n mile，宽2 n mile，水深26 m以上，底质泥碎石。

第二航线自35°56′24″N、121°05′00″E，航向270°~90°，至35°56′24″N、120°46′42″E接主航道，航线长15 n mile，宽3.2 n mile，水深28 m以上，底质泥碎石。

第三航线自35°43′15″N、120°53′09″E，航向338°~158°，至35°56′24″N、120°46′42″E接主航道，航线长14 n mile，宽2.8 n mile，水深28 m以上，底质泥贝。

第四航线位于大陆与大公岛、灵山岛之间，是南来沿岸航行船舶常用航线。自35°45′00″N、120°05′24″E，航向227°~047°，至35°57′12″N、120°21′24″E，转向343°~163°，至第二警戒区接主航道，航线长约21.5 n mile，宽1.0 n mile，水深16 m以上，底质泥沙。

外国籍船舶只准使用第二、三航线。

凡自北方来的船舶可由第一航线、第二航线或第一预备航线进入主航道；南方来的船舶可由第三航线或第四航线进入主航道。

大港航道，自第一警戒区内点36°02′02″N、120°15′58″E，航向016°，至36°04′57″N、120°17′00″E，转向074°，进入大港，航道长4.5 n mile，宽900 m渐窄至210 m，水深10 m以上，底质泥沙。

小港航道，自马蹄礁灯塔方位032°、距离1.2 n mile处，至小港入口处，长1.6 n mile，水深6.4 m~31 m，泥及泥沙底。

青黄轮渡航道，青岛至黄岛轮渡航线自36°04′03″N、120°17′35″E至36°02′39″N、120°14′34″E之间，航向060°.0。青岛至薛家岛轮渡航线以点36°00′29″N、120°15′13″E、点36°00′11″N、120°15′06″E、点35°59′02″N、120°14′49″E与点35°58′52″N、120°14′31″E的连线为中心线，宽200 m。青岛至黄岛轮渡每日08：00时~17：30时运行，各客渡船开启VHF16频道，并监听VHF08频道，使用客渡轮专用标志，施放专用信号，航线两侧各100 m为轮渡船对遇避让水域。

预备航线，来港欲往大港方向的船舶，当发现团岛机场有水上飞机起落信号时，应进入预备航线航行，该航线全长4 n mile，水深12 m~55 m，泥沙、贝壳及石底。

前湾航道，自第一警戒区内点36°02′04″N、120°15′51″E，航向248°，进入港池，航线长1.7 n mile，宽330 m，水深11.6 m以上，底质泥沙。

20万吨矿石码头航道，自第一警戒区内36°02′04″N、120°15′51″E，航向265°，至掉头区（以36°01′51″N、120°14′03″E为圆心、半径300 m的圆形水域），航道宽460 m，水深18.6 m，泥沙底。

海西湾航道，为自第一警戒区至壳牌公司码头和安子码头的航道，即青岛港X1号~X3号灯浮和薛家岛401号~406号灯浮所标示的航道。

黄岛轮渡区航道，该航道位于青岛海运公司货运码头与电厂码头之间，宽约400 m，水深3~5 m。

董家口港区现有多处航道正在疏浚，目前仅有主航道和两条临时航道正式开通。

四、航泊限制

在青岛港港界以内水域航行的船舶航速不得超过10 kn；高速船艇航速不得超过16 kn。

青岛港主航道是有条件的双向通航的万吨级航道，如船舶吃水超过限度（15 m），气象恶劣或发生危险情况，船舶进出港可能会受到限制。

未经批准禁止在航道、锚地内试航或测速。

未经批准禁止船舶在锚地并靠和/或进行过驳作业。

禁止在港界以内水域各航道上航行的500总吨以上船舶追越。

未经批准禁止船舶在航道上抛锚，但紧急情况下除外。

在船舶定线制水域内，船长50 m及以上的船舶应在通航分道内航行；其他船舶应在通航分道以外的可航水域航行。

在第一分道通航制水域内航行的船舶，应将船速控制在12 kn以内。

第一分道通航制水域内禁止船舶追越。

青岛港水域内铺设有多条海底电缆、设有多处禁区。青岛港附近还有东亚环球海底光缆及中韩国际海底光缆，过往船舶需注意。

五、通信联络

（一）海岸电台

该港设有海岸电台，来港船舶可按国际通讯办法与其联系。在港口附近也可用甚高频无线电话（VHF）与电台联络。青岛话台使用VH16频道，全天工作。该台还使用435 kHz的频率，在单小时18分，重播航行警告和航海通告。青岛海岸电台地址：青岛市巫峡路21号，电传：+85321017 SAFET CN，电话：0532–89078280（船舶电台代管业务查询），邮编：266002，传真：0532–82654497或0532–89078259（通信资费查询）。详见青岛海岸电台表。

（二）船舶交通管理系统

青岛港VTS系统由青岛VTS中心、青岛雷达站、黄岛雷达站以及凤凰岛雷达站等组成。

管理服务对象：按照有关国际公约和国内规范应配备通信设备及主管机关要求加入VTS系统的所有船舶。

管理服务区域：以黄岛雷达站地理坐标为中心，以24 n mile为半径所覆盖的水域，大公岛、小公岛连线为本VTS区域门线。

工作语言：汉语普通话或英语。

工作时间：北京时间00：00～24：00。

VTS中心工作频道：

呼叫频道：VHF08、VHF16频道；业务通话频道：VHF08频道。

注意：所有在港船舶应在VHF16或VHF08频道上保持守听，加入青岛水域船舶报告制的船舶应在VHF08频道守听。

呼叫：青岛交管中心。

董家口港区港口管理按照青岛港相关规定实施，目前正在建设斋堂岛雷达站和琅琊台湾雷达站。

港口二　海口港

一、概况

海口港又称秀英港，位于海南岛北岸中部的海口湾内，隔琼州海峡与雷州半岛的海安港相望，东北距广州港324 n mile，北距湛江港125 n mile，西距洋浦港85 n mile，西北距北海港128 n mile，是北部湾东出南海之咽喉，也是海南岛与大陆之间的水上交通枢纽。

海口港附近陆岸地势较为平缓，起伏不大，无显著的自然导航目标，但人工助航设施完备，船舶可昼夜通航。海口港避风条件较差，在台风来临时，大型船舶可在港外水深12～20 m区域分散锚泊防风。小型船舶多往流沙港或铺前港避风，亦可进海口新港避风。海口新港港内避风条件较好，能避10级以下大风。

海口港担负着该腹地内各种生产和生活物资的集散任务，货流以进口煤炭、石油、钢材、水泥、化肥和出口糖、橡胶为大宗。

二、水文气象

（一）潮汐

该港属不正规日潮港。据1991～2000年验潮资料，平均潮差1.1 m，最大潮差3.6 m。月赤纬0°时，平均高潮间隙8时37分,平均高潮高2.1 m,平均低潮高1.0 m。月赤纬最大时,北赤纬平均高潮间隙6时31分,南赤纬平均高潮间隙18时56分,平均高潮高2.4 m,平均低潮高0.5 m。平均海面1.6 m。

（二）潮流

海口湾内涨潮为东北流,历时约15小时;落潮为西南流,历时约8小时。流速一般为1~2 kn。海峡中流向较为复杂,当潮流较强时,涨潮时流向为西南流,落潮时为东北流。受季节性风生流的影响时流向有所变化,在东北季风期;流向为西南流;在西南季风期流向为东北流,两南流大于东北流。流速一般在2.5~3.0 kn,最大流速3.1 kn。

（三）海浪

海口港海浪以风浪为主。常浪、强浪向为东北偏北,频率39.2%。在东北季风期,海口湾内及海峡中涌浪较大。

（四）风

常年以东北风和南东南风为主,年平均风速3.3 m/s。9月到次年3月以东北风为主,最大风力9~11级。4月至8月以南东南风为主,一般风力为1~2级。台风期为5月至10月,台风每年2~4次,其来临时多出现东北大风,最大风力大于12级。

（五）寒潮

受寒潮影响主要集中在12月至次年的1月,港内受寒潮影响时气温急剧下降,东北风风力可达6~7级。

（六）雾

全年雾日集中在12月至次年2月。年平均雾日31天。一般从早上4时起雾到10时左右消失,持续4小时以上雾日年平均约有20天。偶尔也有自傍晚起雾延续至次日中午。

（七）能见度

除受雾、雨天影响外,能见度较好,一般均在2 n mile以上。

三、航行条件

（一）助航标志

秀英灯塔,位于石油公司码头的西南方约4链处,建在白色的五层楼楼顶上,白色钢质圆柱塔身,白楼绿树目标非常明显,夜间互闪白红光,从琼州海峡中部能清楚看见。是船舶在海峡内航行和识别海口港的良好目标。

秀英港引导灯桩,位于秀英灯塔东南方,前标为白色方形铁塔,后标为黑色方形铁塔,两标一线方位163°08′,用于引导船舶通过进港的主航道。

秀英港西堤灯桩,位于西防波堤西端,为红白横条相间圆桩形玻璃钢桩身。

东组罗经标前标,位于秀英灯塔西端,为良好的导航标志方的海边,为一高17 m的白色方形孤立的立标,显著易见,是一良好的导航标志。

白沙门灯塔,位于白沙岛的东方,白色三角棱形混凝土塔身,为从东北方往海口港和海口新港的导航标志。

白沙岛（白沙角）灯桩,位于白沙岛中段东侧,为白色圆桩形混凝土桩身,由于树木遮挡,从北方及东东北方看较明显,下午从西方看较明显。

马鞍岭（222）,位于海口港西南方8 n mile处,呈马鞍形,中间为死火山口,西侧山峰较尖,该岭在视距良好时,呈深绿色,是从西方驶往海口港的重要目标。

在海口港航道上设有16个灯浮,其中右侧标9个,左侧标7个,用于标示进港深水航道。另外,在油码头航道上设有4个灯浮。

（二）碍航物

在海口港航道6号灯浮以东约700 m附近有沉船两处和沉船碎片一处。

海口港航道5号灯浮西南侧700 m处有沉船，其中一艘沉船桅杆露出水面。

海口湾西部有水深0.8 m和1.5 m的双滩，其北侧设有灯浮。

海口港防波堤北面、航道口西侧以及西南侧均为浅滩，水深在2 m以内。

海口港以东至白沙岛附近沿岸多渔栅，夜间不点灯，航行时须注意。

（三）水道

海口港为人工疏浚航道。主航道长约5 700 m，底宽80~100 m，水深8~9 m，走向为163°03′~343°08′。航道上助航设施完善，可供船舶昼夜通航。

12号浮标至13号浮标的航道，即主航道至万吨级泊位掉头区的航道，长约600 m，水深9 m，底宽100 m。

12号浮标至11号浮标的航道长约800 m，水深6.5 m，底宽80 m。

油1号浮标至油3号浮标的航道长约200 m，水深6.5 m，底宽80 m。

四、航泊限制

海口港航道为单向航道，船舶在主航道航行时不得追越和对遇。

船舶在航道、港池水域航行，一般货船富余水深不小于船舶实际吃水的8%，客船、槽管轮及装载一级危险货物的船舶富余水深不小于船舶实际吃水的10%。

五、通信联络

海上通信用甚高频无线电话，海口海事局的呼叫和工作频道为08，海口港引航站、海口港调度的工作频道为14。

港口三 三亚港

一、概况

三亚港位于海南岛南部，介于鹿回头岭与马岭之间，港外有东、西瑁洲为屏障，西北距八所港约108 n mile，是海南省重要对外贸易港口之一。港口周围群山环抱，有南边岭、大会岭、石岭、金鸡岭等高山，能避诸向风。港内水深适宜，港口设备和助航设施完善，船舶可昼夜进出，是海南岛南部最大的商、渔港。

该港水域范围南以鹿回头角为起点，向西延伸至东经109°21′12″，西北以18°11′18″N、109°21′12″E为起点，向北延伸至岸线上，东以三亚桥为界，分为内、外港两部分。内、外港以白排灯桩与小青洲（大洲）连线为界，以西水域为外港，以东水域为内港。外港水深大部为6~30 m，软泥底，可锚泊万吨级船舶。内港至三亚桥，呈喇叭形。白排与小青洲之间为三亚内港入口，珊瑚滩间宽约700 m，水深5~10.3 m，是船舶进出内港的唯一口门。渔港区主要集中在水产码头及三亚大桥附近水域。

三亚港于1984年7月2日经国务院批准为一类开放口岸。1994年成立三亚港务集团公司。现有码头8座，最大靠泊能力为4万吨级船舶。三亚港已先后与东南亚、中东和欧美等30多个国家和地区的港口通航，进出口货物主要有煤炭、大理石、钢材、粮食、化肥、建筑材料、橡胶、木材、柴油、甲醇以及食盐、白糖等。

另外，三亚港西方的红塘岭和崖州湾有两个专业码头，分别为红塘岭太平洋石油公司码头和南山基地码头。

红塘岭太平洋石油公司码头（18°18′07″N、109°15′53″E），位于三亚湾和天涯海角的西侧，东距天涯海角约8 km，距三亚市区26 km，距凤凰机场15 km。该码头承担航空煤油、汽油、柴油的装卸运输任务。

南山基地码头（码头起点为18°18′30″N、109°08′45″E）位于三亚港西北方，崖州湾东侧，港池建有东、南、西三个防波堤。东防波堤长约359 m，宽24 m；南防波堤兼码头（内侧码头）长181 m，宽32 m；西防波堤长36 m，宽24 m。码头用于处理供应海南的天然气及气田产出的凝析油和海上平台物资的供应运输，设计靠泊能力5000吨级船舶。

二、水文气象

（一）潮汐

该港属不正规日潮港。月赤纬0°时，平均高、低潮间隙分别为10时40分和04时27分，平均高、低潮潮高分别为1.16 m和0.65 m。月赤纬最大时，北赤纬平均高高潮、低低潮间隙分别为22时08分和06时08分，南赤纬平均高高潮、低低潮间隙分别为09时43分和18时32分；平均高高潮、低低潮潮高分别为1.64 m和0.27 m；平均海面0.90 m。日潮不等现象显著，回归潮时最大潮差1.7 m，最大风暴潮增水1~2 m。

（二）潮流

三亚礁西及南侧附近潮流涨落基本同向，流速0.3~0.5 kn；北水道北纬18°16′以北涨潮为北西北流，流速0.7 kn，落潮为西南流，流速0.5 kn，以南潮流涨落基本同向，为东偏南至东南流，流速0.3~0.5 kn；中水道涨潮为东流，流速0.5 kn，落潮为南西南流，流速0.3 kn。

红塘岭太平洋石油公司码头海域的海流以往复流为主，涨落潮流的主要走向为西—东向，除局部地区外基本上与岸线平行。潮流流速较小，落潮流速大于涨潮流速。最大落潮流速0.7 kn左右。

（三）海浪

该港东、南、北三面环山，口敞向西南，西侧有东、西瑁洲，白排的阻挡，一般港内较平静，西南风时，外海浪高2 m以上，港内浪高1 m以下。热带气旋影响时，深水区浪较大。新填人工岛后，尚无港区新测水文资料。

红塘岭太平洋石油公司码头海域的海浪以风浪为主，而且波浪的方向一般随风而变化，海区常浪向为东北向，强浪向为西南向。

（四）风

该港季风特点明显，每年9月至次年4月多东至东北风，5~8月多东南至西南风。6级以上大风多由热带气旋所引起，主要出现在6~10月。冬季冷空气和夏季雷雨所引起的短时阵风，最大可达7~8级。

该港受热带气旋（热带风暴、强热带风暴、台风）影响较多，每年3~4次，最多5次。热带气旋主要出现在5~11月，以9月最多。热带气旋在海南岛登陆或在南部沿海经过时，该港会出现6级以上大风和暴雨，强台风影响时，最大风速曾达40~50 m/s。

（五）寒潮

每年的10月至次年4月都有不同程度的冷空气影响，年平均20次之多。其中11月至次年的2月最为频繁，月平均3~4次。风力一般在3~4级。

（六）雾

该港终年无雾。

（七）能见度

除降水影响能见度外,该港全年能见度良好。

（八）气温

年平均气温为25.5℃。5、6月气温最高,平均最高气温为31.4℃,极端最高气温为35.8℃;1月气温最低,平均最低气温为17.9℃,极端最低气温为5.6℃

（九）降水

三亚地区有旱季和雨季之分。5~10月为雨季,降水量占全年的90%;11月至次年4月为旱季,降水量很少。年平均降水量为1 123.1 mm。

（十）雷暴

年平均雷暴日为53天,主要集中在5~9月,特别是8~9月雷暴日占总数的1/3以上。雷暴初日发生在2月,终日在11月。

三、航行条件

（一）助航标志

白排灯桩,位于内港口门北侧白排的西南端,白色圆柱形混凝土桩身,其东侧为国际客运码头。

小青洲,位于内港口门南侧,高23 m,岛上多垒石。

东瑁洲,位于白排灯桩西南方约4.1 n mile处,岛上有南、北两峰,北峰高50 m。

西瑁洲灯塔,位于东瑁洲西北方约2.7 n mile处的西瑁洲上,白色混凝土桩身,灯高137 m,十分显著,是船舶识别该港的良好目标。

鹿回头岭（275）,位于白排灯桩南方约2.6 n mile处,是该港南部一突出的山峰,甚为显著,能见度良好时,距其15 n mile即可发现,是船舶识别三亚港的良好目标。

三亚港引导灯桩,前标为白色八角棱形混凝土桩身,正面中间有一黑色竖条,红色正置三角形顶标;后标建在八层住宅楼顶上,银白色铁塔,红色倒置三角形顶标。两灯一线方位为071°30′。

三亚内港灯桩,位于三亚河口处,为绿色圆柱形混凝土塔,是小船驶往水上码头的重要转向目标。

红塘港引导灯桩,分为前、后两个,设在码头岸上,均为白色方形热镀锌角铁标身,中间有黑色小角形,两标一线方位为322°5′。

三亚南山基地堤头灯桩,设在南山基地港池西防波堤的西端,玻璃钢桩身,上有红白相间横带。

（二）碍航物

西瑁洲灯塔西方约4.2 n mile处,有未爆炸弹（概位）。

西瑁洲灯塔东南方约1.8 n mile处有一双扉石,其周围有礁石,航行时不宜靠近。

西瑁洲灯塔西北方约2.2 n mile处,有一沉船残骸（1957年）;西南方约1.35 n mile处有一半路石,其上水深2.4 m。

东瑁洲周围沿岸是珊瑚礁盘,并有礁石,岛的东北方距岸约4链处,为东洲礁,其上水深8.2 m。

白排灯桩东北方有向外延伸的珊瑚礁脉。

白排灯桩西方约1.6 n mile处,有一水深8.8 m的三亚礁。

白排灯桩西南偏西南方约4链处有一沉船,其上水深9.9 m。

港口南侧岸边有珊瑚礁滩,并向航道延伸,船舶航行时不宜靠近。

三亚港内渡船码头附近有一海底电缆通往南岸,市区有一条通往鹿回头旅游区的10 kV高压架空电线,自建港路岸边跨海至对岸,两岸各有2根电线杆支撑,其净空高度为20 m。船舶最大通航高度不超过15 m。

（三）水道

东水道，介于东瑁洲和双扉石之间，水道中10 m等深线间最窄处宽约8链，水深10~26 m，无碍航物。

中水道，介于双扉石与西瑁洲之间，10 m等深线间最窄处宽约1 n mile，水深10~30 m，无碍航物。

北水道，介于西理洲北侧至海南岛南岸边，5 m等深线之间宽2 n mile，水深5~16 m，无碍航物。

东瑁洲与三亚角间水道，介于东瑁洲与三亚角沿岸间，宽约3 n mile，水深16~27 m，无碍航物，为大型船舶进入三亚港的主要航道。

三亚港主航道，为疏浚航道，长约1 250 m，分为东、西两段。自三亚港1、2号灯浮标至5、6号灯浮标，浚深至10.9 m，4号灯浮标以西航道宽140 m，4号灯浮标以东航道加宽，其东北水域建成直径为536 m的掉头区，供靠泊国际客运码头的船舶使用。5、6号灯浮标至6号码头前沿水域，航道水深大于6.3 m，为船舶靠泊港务局5 000吨级码头航道，6、7号灯浮标以西航道宽45 m，6、7号灯浮标以东航道逐渐加宽，建成一个掉头区。

救助码头航道，为进港航道上的一个分叉，通往三亚救助码头，长约600 m，宽约40 m，水深7~10 m。

红塘岭太平洋石油公司码头航道，长度1 000 m，宽100 m，航道走向为322°~142°，航道设灯浮2座，导标一组。航道、港池设计水深为12.5 m。

南山基地码头航道，长为130 m，宽约100 m，航道设计水深为9.0 m，航道走向090°~270°，港内设有导标1组，航道设浮标4座，均为红色左侧标。

四、航泊限制

1. 该港因航道及其进出口狭窄，限制船舶最大宽度不超过15 m，航行时应保持慢速航行，避免对遇和追越。尤其吨位大的船舶，禁止在航道上同时进出，以免发生碰撞事故。进入三亚港国际客运码头的船舶宽度没有规定。

2. 港务局码头1、2号泊位的船舶并靠宽度为15 m；3至5号泊位的船舶并靠宽度为20 m；6、7号泊位的船舶并靠宽度为30 m。未经海事局许可任何船舶不得违犯。

3. 靠泊船舶前后要保持不小于船长20%的长度。

4. 过盐场码头船舶高度限为15 m。

五、航法

该港外港水域宽阔，水深，加上自然目标显著，导航设备完善，可保证船舶昼夜安全进出。

东来的大型船舶，驶至鹿回头岭（275）南方约1 n mile处，转向297°航行，至鹿回头岭（275）方位090°、距离2 n mile处，转向000°航行，驶至东瑁洲（50）方位260°、距离1.7 n mile处，视进港引导灯桩一线时，转航向071°.5，艏对引导灯桩航行进港，适时调整航向靠泊。

驶往国际客运码头的船舶，驶过3号、4号灯浮标后向左转向，保持在系船浮筒东侧客运码头掉头区内航行，适时靠泊码头。

驶往救助站码头的船舶，在驶至3号、5号灯浮标中间，视白排灯桩方位295°时，转航向102°，艏对码头东端并保持在航道中央航行。

西来大型船舶，驶至东瑁洲（50）方位007°、距离4.2 n mile处，转航向038°航行，至鹿回头岭（275）方位090°、距离2 n mile处转向，以下航法同上。

西来的小型船舶，自马岭西南方取航向112°，驶至东瑁洲（50）方位260°、距离1.7 n mile处，转航向071.5，艏对引导灯桩航行进港。

东来的小型船舶，驶至鹿回头岭（275）方位090°、距离2 n mile处，转航向038°，艏对白排灯桩航行，至引导灯桩一线时转航向进港。

六、引航

对进出三亚港的外国籍船舶实行强制引航。国内船舶可根据需要申请引航。凡需要引航的船舶均应提前提出申请，外轮需经过外轮代理公司联系，由引航站指派引航员；国内船舶可通过港务调度或直接与引航站联系。引航地点在引航检疫锚地，引航时间根据港口潮信情况确定。

七、锚地

引航检疫锚地位于鹿回头角的西方，以18°11′N、109°26′E为圆心，半径1 000 m的水域范围内，水深27~30 m，软泥底，锚抓力较好。

作业、防台锚地位于三亚港外港东瑁洲与西瑁洲连线以北水域内，共有9个锚位，水深6~20 m，可泊万吨级船舶。

小船避风锚地位于三亚河口至三亚河大桥水域，水深2~6.5 m，供木帆船锚泊，能避诸向风。

红塘锚地位于红塘岭东南方岸边，在以18°16′23″N、109°15′52″E为圆心、1 n mile为半径的圆形水域范围内，水深12~20 m，泥沙底。

南山锚地位于崖州湾东侧，在以18°18′23″N、109°06′50″E为圆心、1 n mile为半径的圆形水域范围内，水深8~18 m，沙泥底。

八、掉头区

第一掉头区位于2、3号泊位前，直径120 m，水深4.2 m，泥底。

第二掉头区位于4、5号泊位前，直径175 m，水深3.4 m，泥底。

第三掉头区位于6、7号泊位前，直径220 m，水深5.9 m，泥底。

客运码头掉头区位于三亚港国际客运码头前，直径约536 m，水深10.2 m，泥底。

红塘岭太平洋石油公司码头掉头区位于港池内，直径375 m，水深10 m。

南山基地码头掉头区位于内港池内，直径220 m，水深5.9~7.0 m，粉沙底。

九、港口设备

（一）码头

三亚港现有码头8座，最大靠泊能力为4万吨级船舶。其中属客运公司码头1座，为4万吨级泊位，港务集团公司码头1座7个泊位，其他为各企业单位所属码头。另有南山基地码头和红塘岭太平洋石油公司码头。

（二）系船浮筒

三亚港务集团公司在白排东侧设有供油船系船浮筒2具，水深5.2 m，系泊能力为500 t，供装卸油驳船使用。

（三）装卸设备

三亚港务公司有装卸机械37台，其中固定式起重机13台，叉车15台，单斗车2台，牵引车5台。三亚港岸吊以门座起重机为主，起重能力为10 t，后方以轮胎吊机为主，最大起重能力36 t，集装箱用60 t浮吊装卸。

（四）仓库堆场

该港现有仓库14座，总面积15 000 m²，总容量为14 000 t。其中属于港务部门的仓库有12座（含危险品仓库1座326 m²），面积13 263 m²，容量11 879 t，其余为榆亚盐场仓库。港务部门还建有水泥地面堆场12个，总面积52 119 m²，总容量为51 744 t。

（五）修造设备

原自治州造船厂，能造100 t木船。南海乡船厂，有100 t船排1座。

（六）港务船舶

该港港务集团公司有拖船3艘，驳船8艘，交通船、供水船、供油船各1艘，海事局有海事船1艘，渔政渔监站有渔政船1艘。

（七）铁路设备

该港有铁路专用线长2 193 m，装卸线长550 m，直通仓库堆场。

十、通信联络

该港有信号台1座，设在码头港务调度室楼顶，主要用于发布气象信号。

三亚港设有甚高频无线电话台，海南省船舶引航站驻三亚办事处使用VHF14频道，海事局值班室使用VHF08、16频道。

十一、港口服务

（一）供给

该港码头上无供油设备，船舶用油主要使用油罐车和供油船进行补给，港区供电主要由市内电网保障，港务部门自备有发电机组5部，总发电能力为850 kV。在6、7号泊位设有口径4英寸水管接头5个。三亚救助站码头有水、电供应。在水产码头和南边海渔港区有油供应，并建有大型冷冻厂，可提供冰和海产品冷冻服务。

（二）打捞救助

南海救助局在海南三亚设有三亚基地，负责北起海南文昌，南至西沙南沙海区的海上救生、救助及打捞任务。该基地配有防险救生值班船（通常为2 600马力拖船1艘），以防险救生为主，船上设备完善，24小时收听国际呼救信号。地址：亚市南边海路（渔港路）837号，值班电话：（0898）88225094，传真：88225963。

三亚港可提供船舶油污水及垃圾回收、船舶服务、船员培训、航标工程及维护保养、通信导航工程及维修、船舶加油及加水等服务。如需要可直接与海口鑫海纳港航技术服务中心联系，联系电话：（0898）88262294。

附录二　中华人民共和国游艇操作人员培训、考试和发证办法

第一条　为规范游艇操作人员的管理,提高游艇操作人员的技术水平,保障水上人命和财产安全,根据《游艇安全管理规定》和《中华人民共和国船员培训管理规则》等有关规定,制定本办法。

第二条　本办法适用于游艇操作人员的培训、考试和发证。

第三条　中华人民共和国海事局是实施本办法的主管机关(以下简称"主管机关")。

经主管机关授权的各级海事管理机构具体实施游艇操作人员培训、考试和发证的管理工作。

第四条　游艇操作人员在中华人民共和国管辖水域内驾驶游艇,应持有海事管理机构签发的《中华人民共和国游艇操作人员适任证书》(以下简称《游艇驾驶证》);游艇操作人员应在《游艇驾驶证》签注的适用范围内操作游艇。

第五条　游艇操作人员的类别、等级和所操作游艇的推进装置类型。

游艇操作人员的类别分为海上游艇操作人员和内河游艇操作人员。

海上游艇操作人员按照游艇的长度分为两个等级,其中一等游艇操作人员可以驾驶所有长度的海上游艇;二等游艇操作人员仅限于驾驶20 m及以下长度的海上游艇。

内河游艇操作人员按照是否封闭水域分为两个等级,其中一等游艇操作人员可以驾驶内河任何适航水域游艇;二等游艇操作人员仅限于驾驶内河封闭水域的游艇。

游艇的推进动力装置类型分为机械推进动力装置、机械和风帆推进混合动力装置。

第六条　《游艇驾驶证》包括以下基本内容:

(一)持证人信息:姓名、性别、出生日期、国籍、证书编号、照片。

(二)发证机关签注内容:签发日期、截止日期、适用范围、签发机关及其印章。

《游艇驾驶证》证书编号规则见附件1。

《游艇驾驶证》有效期最长不超过5年。

第七条　申请《游艇驾驶证》应满足以下条件:

(一)身体条件

1. 两眼矫正视力达到对数视力表4.9以上;

2. 无色盲、色弱;

3. 两耳分别距音叉50 cm能辨别声源方向;

4. 口头表达无障碍;

5. 四肢无运动功能性障碍。

(二)年龄

持证人年龄不小于18周岁。65周岁以上持证人,其《游艇驾驶证》截止日期不超过70周岁生日。持证人超过70周岁,如仍需操作游艇,应在《游艇驾驶证》截止日期前1个月内,向原发证机构提交合格的《身体条件证明》,换发有效期为1年的《游艇驾驶证》。

（三）完成规定的培训并通过海事管理机构举行的考试。

第八条　游艇操作人员的培训

从事海上游艇操作人员培训的机构应按照《中华人民共和国船员培训管理规则》规定，取得相应的《中华人民共和国船员培训许可证》。

游艇操作人员的培训应按《游艇操作人员理论培训与考试大纲》（见附件2）和《游艇操作人员实际操作培训与评估大纲》的要求进行（见附件3）。

第九条　游艇操作人员的考试

游艇操作人员的考试分理论考试和实际操作评估两部分，理论考试总分为100分，60分及以上为合格，实际操作评估分合格和不合格。

理论考试和实际操作评估均合格后视为考试合格。理论考试和（或）实际操作评估不合格者，海事管理机构允许其在3个月内补考一次，仍然不合格者，必须重新参加培训和考试。考试成绩有效期为3年。

理论考试和实际操作评估应按照《游艇操作人员理论培训与考试大纲》和《游艇操作人员实际操作培训与评估大纲》的要求进行。

第十条　申请《游艇驾驶证》者应提交以下材料：

（一）《游艇驾驶证申请表》；（见附件4）

（二）身份证明；

（三）身体条件证明；（见附件5）

（四）两张近期5 cm白底彩色光面证件照片或电子照片；

（五）培训证明；

（六）有效的海船或内河船舶船长、操作人员或引航员适任证书（如适用）；

（七）境外海事主管当局颁发的有效《游艇驾驶证》（如适用）。

第十一条　对符合条件者，海事管理机关签发相应的《游艇驾驶证》。

第十二条　《游艇驾驶证》适用范围的变更

申请变更《游艇驾驶证》适用范围，应完成《游艇操作人员理论培训与考试大纲》和《游艇操作人员实际操作培训与评估大纲》对应的补差培训并通过相应的考试与评估。

第十三条　持有其他船员适任证书人员申请《游艇驾驶证》

持有有效海船或内河船舶船长、驾驶员或引航员适任证书的人员，通过《游艇操作人员实际操作培训与评估大纲》规定的实际操作培训和评估后，可申请相应适用范围的《游艇驾驶证》。

持有境外海事主管当局或其授权机构颁发的《游艇驾驶证》的人员，申请换发《游艇驾驶证》，除须提交第十条（一）至（四）项规定的材料及境外海事主管当局或其授权机构颁发的《游艇驾驶证》外，还应通过《游艇操作人员实际操作培训与评估大纲》规定的与申请适用范围相应的实际操作培训和评估后，方可向直属或省级地方海事局申请换发与原适用范围相应的《游艇驾驶证》。

第十四条　《游艇驾驶证》的到期换证

在《游艇驾驶证》有效期届满之日前6个月内，持证人可向其《游艇驾驶证》档案所在地的海事管理机构申请办理《游艇驾驶证》的到期换证，并提交第十条（一）至（四）项规定的材料。

《游艇驾驶证》失效，需通过《游艇操作人员实际操作培训与评估大纲》规定的实际操作评估，方可申请《游艇驾驶证》再有效。

第十五条　《游艇驾驶证》的污损或遗失补办

《游艇驾驶证》如有污损或遗失的，持证人可向其适任证书档案所在地的海事管理机构递交《游艇驾驶证申请表》和身份证明，申请污损或遗失补办。

第十六条 《游艇驾驶证》的初次申领、到期换证、再有效、变更适用范围、污损和遗失补办及境外《游艇驾驶证》换发等,由本人申请办理。

第十七条 游艇俱乐部依法注册后,应当报所在地直属海事局或者省级地方海事局备案。

海事管理机构应当按照《船员培训管理规则》的规定,对游艇操作人员培训机构实施监督检查。

第十八条 游艇操作人员操作游艇,应携带有效的《游艇驾驶证》,并接受海事管理机构的监督检查。

第十九条 除海事管理机构依法实施外,任何单位和个人不得以任何理由扣留或吊销《游艇驾驶证》。

游艇操作人员培训机构、游艇操作人员、游艇俱乐部有违反本办法规定行为的,按照相关法律、法规、规章进行处罚。

第二十条 相关定义

本办法所指的封闭水域是指封闭的与外界无通航联系的湖泊、水库等。

本办法所指身份证明包括:有效的居民身份证、暂住证明、居留证明、护照、台湾同胞往来大陆通行证等。

第二十一条 《游艇驾驶证》由主管机关统一印制。

第二十二条 本办法由中华人民共和国海事局负责解释。

第二十三条 本办法自印发之日起实施。

附件1

《游艇驾驶证》证书编号规则:

1. 证书编号的组成为:发证机关编码(两位)+证书适用范围编码(三位)+发证年份(四位)+序号(四位),共13位。

2. 证书适用范围编码共三位依次是:游艇类别、游艇等级、游艇推进动力装置类型。其中:

(1)《游艇驾驶证》适用的类别分为:海上《游艇驾驶证》和内河《游艇驾驶证》。分别用A和B表示。

(2)《游艇驾驶证》适用的游艇等级分为:

一等《游艇驾驶证》:海上任何长度游艇或内河任何适航水域游艇。

二等《游艇驾驶证》:20米及以下海上游艇或内河封闭水域游艇。

分别用1和2表示

(3)《游艇驾驶证》适用的推进动力装置类型分为:机械推进动力装置、机械和风叭推进混合动力装置。

分别用E和F表示。

附件2

游艇操作人员理论培训与考试大纲

考试大纲	适用范围					
	类别		等级		推进装置类型	
	海上	内河	一等	二等	混合动力	机械动力
1.航行规则及相关安全管理法规(2学时)						

（续表）

考试大纲	适用范围					
	类别		等级		推进装置类型	
	海上	内河	一等	二等	混合动力	机械动力
1.1　中国沿海、内河水域航行规则概述	√	√				
1.2　船舶交通管理系统有关规定及水上安全管理法规概述	√	√				
1.3　游艇安全管理等相关规定		√				
1.3.1　游艇安全规章制度	√	√				
1.3.2　游艇安全管理	√	√				
1.3.3　游艇操作人员管理	√	√				
1.3.4　游艇检验	√	√				
1.4　中华人民共和国内河交通安全管理条例		√				
1.5　防止船舶污染水域有关规定	√	√				
1.6　中华人民共和国内河海事行政处罚规定		√				
1.7　中华人民共和国海上海事行政处罚规定	√					
2. 游艇航行基本知识（6学时）						
2.1　内河航行基本知识		√				
2.1.1　内河航道概述		√				
2.1.1.1　航道尺度和水流条件		√				
2.1.1.2　内河航道的分类及其特点		√				
2.2　中国沿海海区航路概况						
2.2.1　中国沿海海区港口概况及通航安全管理规章	√					
2.3　潮汐基本知识						
2.3.1　潮汐基本成因和潮汐术语	√	√				
2.3.2　我国沿海水域潮汐特点概述	√					
2.3.3　河口潮汐特点与潮汐利用，《潮汐表》简介		√				

（续表）

考试大纲	适用范围					
	类别		等级		推进装置类型	
	海上	内河	一等	二等	混合动力	机械动力
2.4　助航标志						
2.4.1　内河助航标志						
2.4.1.1　内河助航标志概述（包括功能和分类）		√				
2.4.1.2　内河助航标志的外形、标志颜色和灯质规定		√				
2.4.2　中国海区水上助航标志						
2.4.2.1　海区航道走向及左右侧规定	√					
2.4.2.2　标志类型	√					
2.4.2.3　各种标志特征及相应的航行方法	√					
2.5　航用海图及航行图						
2.5.1　墨卡托海图的基本概念、比例尺与图例识别	√					
2.5.2　高斯内河航行图基本概念、比例尺与图例识别		√				
2.5.3　航行图的使用、保管和改正及保存，航行通告种类及内容	√	√				
2.6　气象常识						
2.6.1　气象要素						
2.6.1.1　气温概念及其与天气关系	√	√				
2.6.1.2　气压概念及其与天气关系	√	√				
2.6.1.3　湿度概念及其与天气关系	√	√				
2.6.1.4　能见度概念及等级	√	√				
2.6.1.5　雾的成因、分类，各种雾的概念及特点	√	√				
2.6.2　气团与风的基本概念	√	√				
2.6.3　气旋与反气旋						
2.6.3.1　气旋的概念	√	√				

（续表）

考试大纲	适用范围					
	类别		等级		推进装置类型	
	海上	内河	一等	二等	混合动力	机械动力
2.6.3.2　龙卷风概念及特征	√	√				
2.6.3.3　热带气旋的等级和名称	√	√				
2.6.3.4　台风结构及其天气特征，游艇防台措施	√	√				
2.6.4　天气预报内容、灾害性天气预报	√	√				
2.6.5　常见天气谚语	√	√				
2.7　航行基本要领及定位技术						
2.7.1　航线的拟定和选择			√	√		
2.7.2　转向点定义及选用原则、转向时机掌握			√	√		
2.7.3　船位定义及定位方法			√	√		
2.7.4　航向、船位及避让的关系			√	√		
2.7.5　不同类型河段的航行方法		√				
2.7.6　特殊情况下的航行						
2.7.6.1　雷雨大风天的航行			√	√		
2.7.6.2　夜航特点及注意事项			√	√		
2.7.6.3　雾天航行及注意事项，突遇浓雾时的应急措施			√	√		
2.7.6.4　流冰期和流水期的航行及注意事项		√				
2.8　游艇助航设备的使用						
2.8.1　游艇罗经的使用及注意事项			√	√		
2.8.2　VHF设备的使用及注意事项			√	√		
2.8.3　雷达及GPS等导航设备的使用及注意事项						
2.8.3.1　雷达图像识别及定位原理			√	√		
2.8.3.2　雷达定位方法，雷达的使用及注意事项			√	√		

（续表）

考试大纲	适用范围					
	类别		等级		推进装置类型	
	海上	内河	一等	二等	混合动力	机械动力
2.8.3.3　GPS定位方法，GPS的使用及注意事项			√	√		
2.8.3.4　AIS设备的使用及注意事项			√	√		
2.8.3.5　使用雷达进行避让的方法			√	√		
3. 游艇操纵基本知识（6学时，1等增加4学时）						
3.1　游艇操纵性能基本知识						
3.1.1　游艇操纵性能的概念，启动停止性能，旋回性和航向稳定性			√	√		
3.1.2　影响游艇操纵性能的因素，风、流、浅水及浮态对游艇操纵性能的影响			√	√		
3.1.3　舵效的概念，及影响舵效的因素			√	√		
3.1.4　停车和倒车冲程，影响游艇冲程的因素			√	√		
3.2　游艇操纵设备的使用						
3.2.1　车在游艇操纵中的作用			√	√		
3.2.2　舵在游艇操纵中的作用			√	√		
3.2.3　侧推器在游艇操纵中的作用			√	√		
3.2.4　双车游艇的操纵特性及注意事项			√	√		
3.2.5　无舵叶游艇的操纵特性及注意事项			√	√		
3.3　外界因素对游艇操纵的影响			√	√		
3.3.1　风对游艇操纵的影响			√	√		
3.3.2　流对游艇操纵的影响			√	√		
3.3.3　风流对游艇操纵的综合影响			√	√		
3.3.4　浅水对游艇操纵的影响			√	√		
3.3.5　狭窄水道效应、船吸效应和岸壁效应			√	√		

（续表）

考试大纲	适用范围					
	类别		等级		推进装置类型	
	海上	内河	一等	二等	混合动力	机械动力
3.4　游艇在船舶拥挤水域（绕标）操纵要领			√	√		
3.5　游艇靠离泊操纵要领						
3.5.1　常用靠泊操纵方法与要领及注意事项			√	√		
3.5.2　常用离泊操纵方法与要领及注意事项			√	√		
3.6　游艇锚泊要领及帆缆索具的使用						
3.6.1　游艇锚泊要领					√	√
3.6.2　帆缆索具的使用					√	
3.7　大风浪中的游艇操纵方法及注意事项			√	√		
3.7　应急操纵方法						
3.7.1　人员落水时的操纵方法			√	√		
3.7.2　游艇进水时的应急措施			√	√		
3.7.3　游艇碰撞时的应急措施			√	√		
3.7.4　游艇火灾时的应急措施			√	√		
4. 游艇避碰技术（4学时）						
4.1　内河避碰技术						
4.1.1　《内河避碰规则》的目的、宗旨和适用范围、责任及特别规定		√				
4.1.2　航行与避让						
4.1.2.1　行动原则						
4.1.2.1.1　瞭望的目的，正规瞭望的方法及注意事项	√					
4.1.2.1.2　安全航速的概念，决定安全航速应考虑的因素	√					
4.1.2.2　航行原则						

（续表）

考试大纲	适用范围					
	类别		等级		推进装置类型	
	海上	内河	一等	二等	混合动力	机械动力
4.1.2.2.1 机动船的行动原则		√				
4.1.2.2.2 任何船舶的行动原则		√				
4.1.2.2.3 船舶在分道通航制,定线制水域的航行原则		√				
4.1.2.2.4 机动船的避让原则		√				
4.1.3 机动船相遇,存在碰撞危险时的避让行动						
4.1.3.1 机动船对驶相遇,行动要求和应遵守的规定		√				
4.1.3.2 机动船追越,行动要求和应遵守的规定		√				
4.1.3.3 机动船横越和交叉相遇,行动要求和应遵守的规定		√				
4.1.4 机动船、人力船、帆船、排筏相遇,存在碰撞危险时的避让行动		√				
4.1.5 船舶在能见度不良时的行动原则及注意事项		√				
4.1.6 号灯和号型						
4.1.6.1 号灯和号型的定义,适用范围,显示时机和要求		√				
4.1.6.2 各类船舶的号灯和号型的识别和运用		√				
4.1.7 声响信号						
4.1.8 甚高频无线电话VHF在避让中通话规定		√				
4.1.9 遇险信号及其使用		√				
4.2 国际海上避碰规则						
4.2.1 船舶在任何能见度情况下的行动规则						
4.2.1.1 瞭望的目的,正规瞭望的方法及注意事项	√					
4.2.1.2 安全航速的概念,决定安全航速应考虑的因素	√					
4.2.1.3 碰撞危险的判断方法	√					

（续表）

考试大纲	适用范围					
	类别		等级		推进装置类型	
	海上	内河	一等	二等	混合动力	机械动力
4.2.1.4　避免碰撞的行动原则	√					
4.2.2　船舶的号灯、号型和声响信号						
4.2.2.1　号灯、号型的定义，显示时间及各类船舶的号灯和号型	√					
4.2.2.2　声响和灯光信号	√					
4.2.3　船舶在互见中的避碰行动						
4.2.3.1　追越的概念及其避让行动	√					
4.2.3.2　对遇局面的概念及其避让行动	√					
4.2.3.3　交叉相遇局面的概念及其避让行动	√					
4.2.3.4　让路船、直航船的行动原则	√					
4.2.4　各类船舶之间的避让责任	√					
4.2.5　能见度不良时的避让行动原则	√					
4.2.6　遇险信号及其使用	√					
5. 游艇机械推进动力装置基本知识（2学时）						
5.1　游艇动力装置的种类及特点						
5.1.2　四冲程柴油机的基本概念及特性					√	√
5.1.3　二冲程汽油机的基本概念及特性					√	√
5.1.4　艇内机与艇外机的基本概念及特性					√	√
5.1.5　喷射推进原理及特点					√	√
5.2　游艇动力装置的运行管理						
5.2.1　开航前的准备工作要点及注意事项					√	√
5.2.2　运行中的工作要点及注意事项					√	√
5.2.3　到港后的工作要点及注意事项					√	√

（续表）

考试大纲	适用范围					
	类别		等级		推进装置类型	
	海上	内河	一等	二等	混合动力	机械动力
5.2.4 游艇动力装置安全操作及航行中的应急处置					√	√
5.2.5 游艇动力装置的日常检查与保养					√	√
5.2.6 游艇动力装置的常见故障的排除方法					√	√
5.3 游艇的存放与保养					√	√
6. 游艇基本安全知识和水上生存技能（2学时）						
6.1 游艇安全设备的种类和正确使用方法						
6.1.1 遇险报警设备的正确使用	√	√				
6.1.2 遇险报警的程序与方法	√	√				
6.1.3 救生设备的正确使用	√	√				
6.1.3.1 救生衣的正确使用	√	√				
6.1.3.2 救生圈的正确使用	√	√				
6.1.4 游艇防火与灭火						
6.1.4.1 游艇消防基础知识						
6.1.4.1.1 燃烧的实质，燃烧三要素与燃烧类型	√	√				
6.1.4.1.2 火的分类及灭火方法	√	√				
6.1.4.1.3 常见灭火剂的种类、灭火性能及其扑救火灾时的适用范围，常用灭火器的正确使用	√	√				
6.2 艇上人员急救常识						
6.2.1 人员急救常识	√	√				
6.2.2 心肺复苏技术						
6.2.2.1 人工呼吸法种类及正确的操纵方法及注意事项	√	√				
6.2.2.2 心脏按压术的方法及注意事项	√	√				
6.2.3 水上生存技能						

（续表）

考试大纲	适用范围					
	类别		等级		推进装置类型	
	海上	内河	一等	二等	混合动力	机械动力
6.2.3.1　水中保温方法	✓	✓				
6.2.3.2　延长水中生存时间的方法	✓	✓				
6.2.3.3　游艇减少漂流速度的方法（海锚的使用）	✓	✓				
7. 驶帆技术（4学时）						
7.1　帆船基本知识					✓	
7.2　帆船动力的工作原理					✓	
7.3　帆船驾驶技术						
7.3.1　顺风行驶技术					✓	
7.3.2　迎风行驶技术					✓	
7.3.3　航行中的换樯技术					✓	
7.3.4　帆船的靠泊技术					✓	
7.3.5　恢复倾覆的帆船					✓	
7.4　帆船航行规则要求					✓	
7.5　帆缆索具的使用					✓	
7.6　常用绳结的打法及使用					✓	✓

附件3

游艇操作人员实际操作培训与评估大纲

内容	实操学时	
	1等	2等
1　机械推进动力装置的启动与关闭	1.0	1.0
2　靠、离码头	6.0	4.0
3　驶近和系、离浮筒	2.0	1.0
4　锚泊作业	1.0	1.0

（续表）

内容		实操学时	
		1等	2等
5	航行（加速、变向、高速定向航行）	2.0	1.0
6	蛇航绕标（5个标）	2.0	2.0
7	救助落水人员	2.0	2.0
8	基本急救	2.0	2.0
9	救生与消防设备的使用	2.0	2.0
10	常用绳结打法	3.0	3.0
11	驶帆，帆缆索具的使用	7.0	7.0
合计：		30.0	26.0